みんなあつまれ！手品の本

M・M・C（松戸奇術会）監修

すずき出版

ようこそ!
マジックの世界へ!

**マジックはかんたん! 楽しい!
そしてカッコいい!**

皆さんは、手品やマジックというとどのようなイメージを持たれるでしょうか?
「むずかしい」「器用でないとできない」「タネをつくるのにお金がかかる」…?
もし、そのように思われているのなら、本書で紹介しているマジックをいくつか見てください。どこにでも手に入るような道具と非常にかんたんなトリックで、楽しい演技ができるはずです。器用さは求められません。何度か練習すれば、だれでも成功させることができます。そして、うまく成功させることができたら、子どもたちにはとてもカッコよく見えるでしょう。

**練習時間はわずか数分でＯＫ!
タネさえわかればすぐできるものも!**

だれだって最初は初心者です。尻込みすることはありません。本書で紹介しているマジックはきわめてシンプルなものばかりですから、「演技の流れ」さえ覚えてしまえば、おどろくほど短時間でマスターできるでしょう。なかには一読しただけで、さっそくできるものもあるはずです。もちろん、そんなにかんたんだからといって「子どもだまし」ということではありません。マジックのタネの基本は「相手の虚を衝く」ことです。シンプルなタネであるからこそ、かえってバレにくいともいえるのです。

器用さよりも、ユニークさ！
むずかしく考えることはない

プロのマジシャンの多くは無言で演技を行いますが、それは音楽などの派手な舞台演出があるから。子どもをお客とするのなら、むしろ、楽しい会話や、かわいいイラストといったユニークな演出を心がけましょう。「絶対成功させてやろう」と意気込んで、しかめっ面で演技しないことです。少々の失敗なら、子どもたちは許してくれるはずです。まず、子どもたちの視線を、自然にこちらへと集中させることがなにより重要なのです。そのためには技術的な練習より、演出の準備をしっかりと行うべきでしょう。

行事などを通して、父母や子どもたちとも
いっしょに楽しもう！

マジックは型にはめて行うものではありません。想像力をふくらませ、様々な場面で楽しみたいものです。四季折々の行事ごとに工夫を加え、バリエーションを増やしていきましょう。マジックは世代を超えて楽しめるものですから、父母に子どもたちと一緒になって観てもらってもいいでしょう。「タネ明かしをしない」というのはマジックの決まりごとですが、これにこだわることもありません。保育者・子ども・父母で１つのマジックを練習し、互いに教えあうのも楽しいものです。

M・M・C（松戸奇術会）

みんなあつまれ！手品の本 もくじ

ようこそ！　マジックの世界へ！ …… 2

第1章　とってもかんたん！　今すぐできる
入門編マジック …… 7
さわっただけで色が見える…？ …… 8
踊るハンカチ …… 10
くっつく食器 …… 12
お父さんは背が高い？ …… 14
ぼくのうちは5人家族 …… 16
紙コップの透視 …… 18
屋根より高い鯉のぼり …… 20
エンピツが曲がっちゃった!? …… 22
ぐにゃぐにゃボディ …… 24

第2章　ちょっとした準備 or 練習で十分！
初級編マジック …… 27
絵からお花が咲いた！ …… 28
宙に浮く色鉛筆 …… 30
歌をうたうのはだーれ？ …… 32
おりひめとひこぼし …… 34
枯れ木に花を咲かせましょう …… 36
不思議なクリスマスカード …… 38
いち、にの、さん！　で消えるボール …… 40
わりばし友情パワー …… 42
お茶碗からお年玉 …… 44

第3章　演出でもしっかり盛り上げたい
中級編マジック ……………………………………… 47

仲良しワンニャン ……………………………………… 48
紙コップからこんにちは ……………………………… 50
切れないひも …………………………………………… 52
どんな言葉ができるかな？ …………………………… 54
冷たい飲み物をどうぞ！ ……………………………… 56
飛び出すレモンの絵 …………………………………… 58
あふれ出す砂 …………………………………………… 60
クリスマスイブの新聞 ………………………………… 62
はじめてのおつかい …………………………………… 64

第4章　時間をかければだれでもできる本格派
上級編マジック ……………………………………… 67

絵本から出てきたうさぎとかめと白雪姫 …………… 68
おそうじ名人！ ………………………………………… 70
魔法の包み紙 …………………………………………… 72
みんなで仲良く手をつなごう ………………………… 74
ハンカチの中にはお金がいっぱい …………………… 76
楽しいピクニック ……………………………………… 78
おたんじょうびおめでとう！ ………………………… 82
ゾウさんおはなが長いのね …………………………… 86
双子のプレゼント ……………………………………… 90

インデックス ………………………………………… 93

■本書の特徴と使い方のポイント

1． マジックはおおよその**＜難易度（入門編・初級編・中級編・上級編）＞**で分けてあります。
　　ここでいう**＜難易度＞**とは、手順の煩雑さ・演技時間の長さを指しています。

2． 手順については、保育者のセリフと、短い文で解説してあります。まずここを見て、「これならできそうだ」と思うものを探してみてください。

3． タネ明かしは**＜これがトリック＞**で解説してあります。実際に**＜必要な道具＞**を用意し、試してみましょう。ゆっくり行えば、ほとんどのマジックは一度で成功するはずです。あとはじっくりと手順を覚えていけばいいのです。

4． **＜盛り上げるポイント＞**などを参考にしながら、様々な工夫を加えていきましょう。セリフや道具なども、型どおりに行う必要はまったくありません。

5． **＜おすすめの行事＞**は「そのマジックが盛り上がりやすい行事」を表しています。マジックに独自の工夫を加え、様々な行事をマジックで盛り上げてみましょう。

◆「演技データ」について

＜観客人数＞
「少人数用」とあるものは、観客の数を10人程度までにしたほうが賢明です。「多人数用」を少人数相手に演技することは一向に差し支えありません。

＜タネを仕込む時間＞
必要な道具をそろえてから、実際に作業するおおよその時間を表しています。絵を描いたりするような作業は省略できる場合もあるので、絶対というわけではありません。

＜教えやすい＞
子どもたちと一緒になって行えそうなものには、このマークがついています。

※**＜演技データ＞＜おすすめの行事＞**については巻末のインデックスにも対応しています。

第1章

とってもかんたん！ 今すぐできる
入門編マジック

「マジック」という言葉に怖気づくことはありません。

ここで紹介するものは、指や身近な道具などをそのまま使用した、ほんとうにかんたんなものばかり。

大人のちょっとしたアイデアは、子どもにとっては十分に不思議なのです。

1 さわっただけで色が見える…？
入門編

渡されたクレヨンが何色なのか、見ずに当ててしまうというマジックです。タネなどない、子どもの持ち物のクレヨンを使用しますから、大人でもびっくりするほど不思議です。

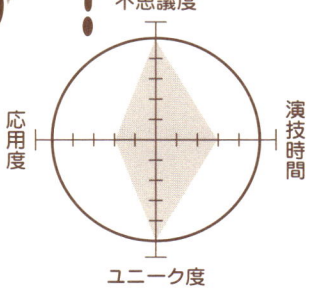

| 演技データ | 観客人数 少人数用 | タネを仕込む時間 0分 | 教えやすい |

不思議度／応用度／演技時間／ユニーク度

第1章 さわっただけで色が見える…？

❶ 「○○ちゃんの持ってるクレヨンは、何本入っているの？」

子どもの代表にクレヨンの箱を出してもらい、中を開けてもらいます。

❷ 「12本ね？ じゃあ後ろを向くので、1本だけ渡してください。その色を見ないで当ててみせます」

後ろを向き、クレヨンを1本だけ手渡してもらいます。

8

<必要な道具>

・クレヨン
12色程度のもの

おすすめの行事

参観日　お泊まり保育　屋外活動　季節の行事　誕生会　お別れ会

盛り上げるポイント

・渡したクレヨンが何色なのか、子どもが忘れてしまうことがあります。事前にその場にいる全員に見せておいてもいいでしょう。
・いきなり当ててしまうより、「薄い色ですね」「明るい色ですね」など、考える間を作ってもいいでしょう。
・クレヨンの紙で包まれている部分で、間違って色を塗らないように注意しましょう。

---

❸ 「残りのクレヨンは見えないように、元に戻してね！」

再び前を向き、左手を使って指示します。

❹ 「うーん、水色！　…ほら、正解でした！」

クレヨンを取り出して見せると、見事にぴったり当たっています。

これがトリック

❶ 右手で受け取ったクレヨンを使い、こっそりと左手の爪や指に色をつけます（A）。

❷ 左手を使って「元に戻して」と言う時に、さりげなく塗った色を確認します（B）。

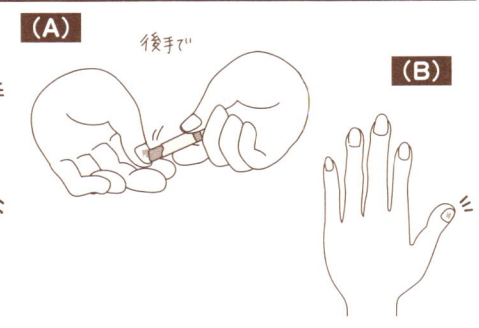

(A) 後手で
(B)

第1章　さわっただけで色が見える…？

1 踊るハンカチ
入門編

しごいて棒状にしたハンカチを、見えない糸であやつり人形のように動かします。タネ自体はとてもかんたんなマジックですが、自由自在にハンカチを動かすためにはコツが必要です。

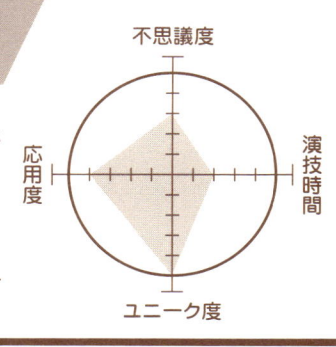

| 演技データ | 観客人数 少人数用 | タネを仕込む時間 **0**分 | 教えやすい |

不思議度 / 演技時間 / ユニーク度 / 応用度

第1章 踊るハンカチ

❶「ここにハンカチがあります」

ハンカチを取り出し、しごくようにして持ちます。

❷「このハンカチに見えない糸を結びつけて…」

見えない糸を結びつけるゼスチャーをします。

＜必要な道具＞

・ハンカチ

あまり薄くないもの

おすすめの行事

参観日　お泊まり保育　屋外活動　季節の行事　誕生会　お別れ会

盛り上げるポイント

・まずは左右の手の動きをピッタリ合わせることが大切です。慣れてきたらあえて手とは逆にハンカチを動かしてみましょう。
・糸は本物らしく見せるため、ハンカチに結ぶ前に引っ張ったり、ワザと落としたりするなどしてみましょう。
・ハンカチにオバケ、ウサギなどの装飾を施して演出をすれば、様々な行事に応用できます。

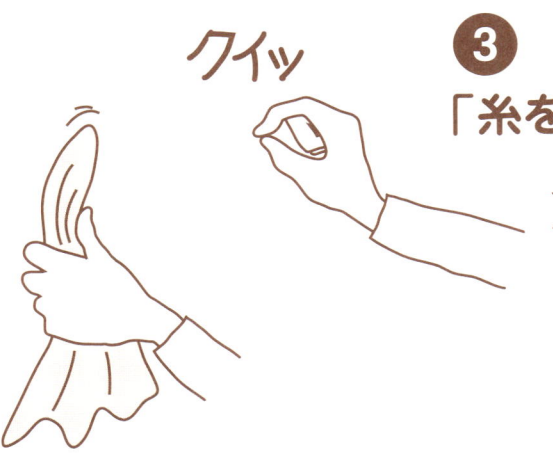

第1章　踊るハンカチ

③ 「糸をくいっとひっぱると…」

クイッ

見えない糸を持つ手に合わせてハンカチを動かします。

④ 「ハンカチがあいさつしますよ。こんにちは」

様々なセリフに合わせてハンカチを動かしてみましょう。

これがトリック

ハンカチをしごいた部分を、親指と人さし指で挟むように持ち、親指を自分の方に向けます。親指を強く下側に引っ張るとハンカチは手前に倒れ、上にのばすと向こう側に傾きます（A・B）。

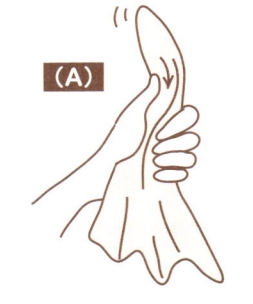

(A)　(B)

1 くっつく食器

入門編

保育者の着ている服に次々と食器を貼り付けていくマジックです。一見どうということもないように思えますが、実際に貼り付く様子は非常に明るく、ユニークなマジックです。

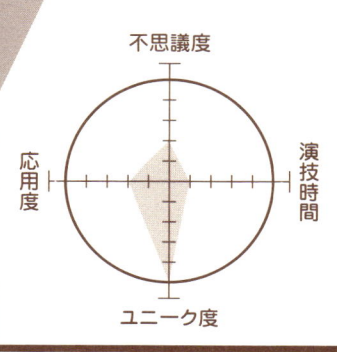

| 演技データ | 観客人数 | 多人数用 | タネを仕込む時間 | 5分 | 教えやすい |

不思議度／応用度／演技時間／ユニーク度

❶
「ここにご飯を食べる時に使うものを集めてみました」

机の上にナイフやフォークを並べます。

❷
「これは何ていうものかな?」

食器を1つ手に取り、胸にあててから質問します。なぜか食器は貼り付いたまま落ちません。

<必要な道具>

- スチール製のナイフ・フォークなど
- はし
- 両面テープ
- 強力な磁石

大きめのものを2つ

おすすめの行事

参観日　お泊まり保育　屋外活動　季節の行事　誕生会　お別れ会

盛り上げるポイント

・例えば明日からお弁当が始まる時や、食器の名前を覚えさせたい時などに使ってみましょう。
・磁石を上手に隠す場所は、ジャージの下に着たシャツの胸ポケットなどが最適です。
・マジックに使用した食器のうち、テープで貼り付けた以外のものを子どもたちに手渡し、直接見てもらってもいいでしょう。

❸ 「じゃあ、これは何でしょう？ そう、ナイフですね」

何くわぬ顔をしたまま、同じ手順で次々と食器を貼り付けていきましょう。

❹ 「足りないものがあるよね、何でしょうか？ そう、はしです！」

最後にはしを机の中などから取り出して、同じように貼り付けましょう。

これがトリック

① 強力な磁石を用意し、服の胸ポケットなどに入れておきます（A）。スチール製の食器であれば簡単に貼り付きます。

② はしはプラスチック製など軽いものを使い、1面に両面テープを貼り付けておきましょう（B）。テープの粘着力で服に貼り付けるわけです。

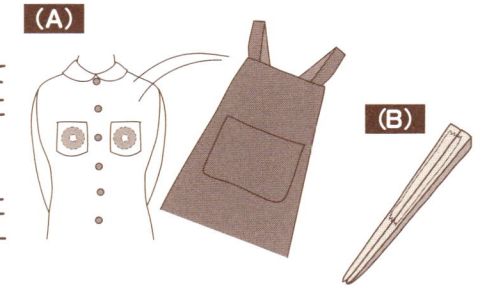

第1章　くっつく食器

1 入門編 お父さんは背が高い？

親指をのばして見せるという一瞬芸です。子どもたちにはただ親指をのばして見せるより、こうしたストーリー性を持たせて見せる方が、よりわかりやすいマジックになるでしょう。

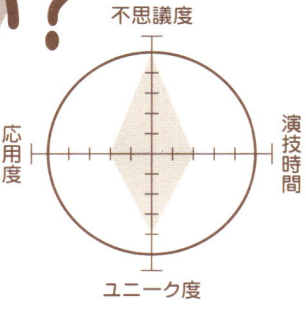

| 演技データ | 観客人数 少人数用 | タネを仕込む時間 0分 | 教えやすい |

第1章 お父さんは背が高い？

❶

「お父さん指、お母さん指、お兄さん指、お姉さん指、赤ちゃん指。……家族の中で一番背が高いのはだーれ？」

左手の手のひらを子どもたちに向け、指を1本ずつ見せます。

❷

「お兄さんかな？　いーえ、それは違います。一番背が高いのはお父さん。今からそれを証明してみせましょう」

左手の親指を右手で握ります。親指の先端を少しだけ出して、子どもたちに見せましょう。

<必要な道具>

なし

おすすめの行事

参観日　お泊まり保育　屋外活動　季節の行事　誕生会　お別れ会

盛り上げるポイント

・極めてシンプルなマジックですが、ちゃんと親指がのびているように見せるため、鏡に向かって何度か練習しましょう。
・親指をのばす時は真下に引っ張るのではなく、向こう側に弧を描くように降ろすと、より迫力が出ます。
・父親参加日や父の日などに行い、「やっぱりお父さんはすごいよね」という内容にしてみましょう。

❸ 親指の先端をくわえます。

❹ 「えいっ！」

親指をくわえたまま、ぐいっと両方の手を降ろすと、なんと親指が一気にのびました！

これがトリック

親指をくわえる時、こぶしで口元をかくし、左手の親指を引っ込めて右手の親指をくわえるようにします。実際にのばすのは右手の親指というわけです。

第1章　お父さんは背が高い？

1 ぼくのうちは5人家族

入門編

マジックというよりは指を使った一瞬芸です。子ども向けのかんたんなお話と組み合わせることで、場を盛り上げます。とてもかんたんですので、子どもたちに教えてあげてもいいでしょう。

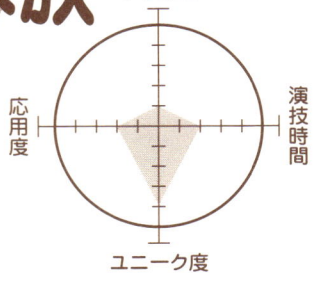

| 演技データ | 観客人数 少人数用 | タネを仕込む時間 0分 | 教えやすい |

第1章　ぼくのうちは5人家族

❶
「ぼくのうちは5人家族です。お父さん、お母さん、お兄さん、お姉さん、そしてぼくです」

左手の甲を見せ、5本の指を家族に見立てて広げます。

お父さん
お母さん
お兄さん
お姉さん
ぼく

❷
「毎朝お父さんは電車に乗って会社に出かけてしまいます」

右手で左手の親指をにぎり、そのまま動かすと、親指が無くなってしまいます。

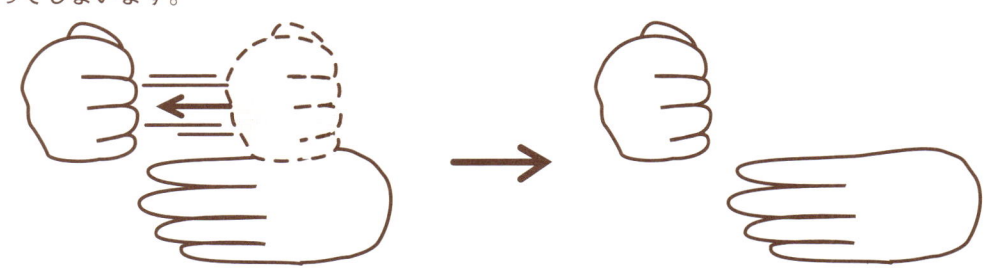

<必要な道具>	おすすめの行事
なし	参観日　お泊まり保育　屋外活動　季節の行事　誕生会　お別れ会

盛り上げるポイント

・「先生のうちは〜」というより、「ぼくのうちは〜」と、物語として話を進めていった方が盛り上がります。
・何度か繰り返し行い、「どういうトリックになっているのか？」を子どもに考えさせてもいいでしょう。
・きわめてかんたんなマジックですが、鏡の前で何度か練習した方がいいでしょう。

❸ 「だけどお父さんは夕方になると、また電車に乗って帰ってきます」

にぎった右手を再び元の位置に戻して広げると、左手の親指は元通りになっています。

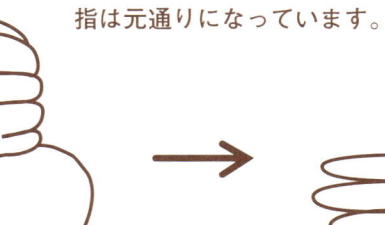

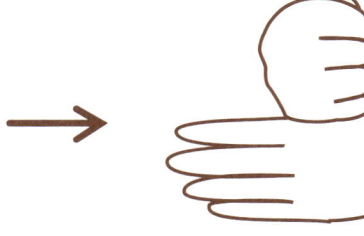

❹ 「疲れて帰ってきたお父さんは、そのままバタンキュウと寝てしまいました」

立てていた親指を寝かせます。

これがトリック

にぎる直前に親指を曲げ、左手の手のひらで隠してしまいます。戻す時はその逆の手順です。

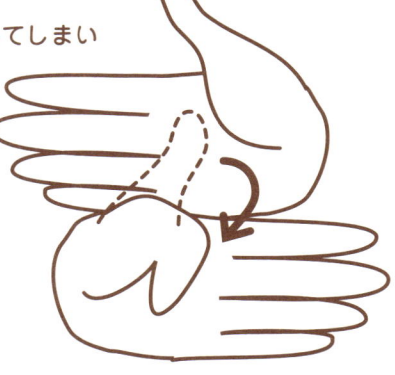

第1章　ぼくのうちは5人家族

1 紙コップの透視

入門編

3つの紙コップのうち、どれに目印が隠してあるのかを当てる「透視」のマジックです。隠す物は何でも構いませんし、トリック自体も至ってシンプルという、非常に行いやすいマジックです。

| 演技データ | 観客人数 多人数用 | タネを仕込む時間 15分 | 教えやすい |

不思議度 / 演技時間 / ユニーク度 / 応用度

第1章　紙コップの透視

❶「先生には何と、紙コップの中が見えてしまうという力があります。今日はそれをみんなに見てもらいます。△△先生も見たいというので来てもらいました」

もう一人の先生に来てもらい、子どもたちの一番後ろに立ってもらいます。

❷「じゃあ、○○ちゃん、先生が後ろを向いている間に、この人形を好きなコップの中に隠してね」

一人の子どもに目印を隠してもらいます。最初だけは他の先生が隠し、やり方を子どもたちに教えるようにしてもいいでしょう。

<必要な道具>

- 紙コップ3つ
- 目印

紙コップに隠れるサイズの人形など

おすすめの行事

参観日　お泊まり保育　屋外活動　季節の行事　誕生会　お別れ会

盛り上げるポイント

- このマジックは一度でやめる必要はありません。逆に何度か続けて行った方が、子どもたちは不思議がるでしょう。
- 手製の「ひな人形」や「サンタクロース人形」を目印にすれば、季節感の高いマジックが演出できます。
- 保護者に仕掛け人になってもらうことが可能なら、参観日に行うのも盛り上がるでしょう。

第1章　紙コップの透視

❸「ちゃんと隠したね。…さあ、どれかなあ」

眉間に指を当てたり、匂いを嗅いだりするなど迷っているジェスチャーをします。

❹「わかりました、これです！」

正しい紙コップを自信タップリに持ち上げましょう。中にはもちろん目印が入っています。

これがトリック

もう一人の先生に「仕掛け人」となってもらい、通しサインを決めておきます。サインは右のようにシンプルなものがよいでしょう。サインを出す側、見る側ともに、さりげない動きを取ることが重要です。

(A) 目印が右の場合：右腕をつかむ

(B) 目印が左の場合：左腕をつかむ

(C) 目印が真ん中の場合：両方の腕をたらす

屋根より高い鯉のぼり

1 入門編

切断してひも状にした輪ゴムの上を、紙切れがスルスルとのぼって行きます。ゴムの持ち方に少しコツがいりますが、タネ自体は極めてシンプルです。子どもたちと一緒にやってみてもおもしろいでしょう。

| 演技データ | 観客人数 少人数用 | タネを仕込む時間 15分 | 教えやすい |

不思議度／演技時間／ユニーク度／応用度

❶
「ここにある鯉のぼりは高いところが大好きなの」

子どもたちに鯉のぼりを描いた紙を見せます。

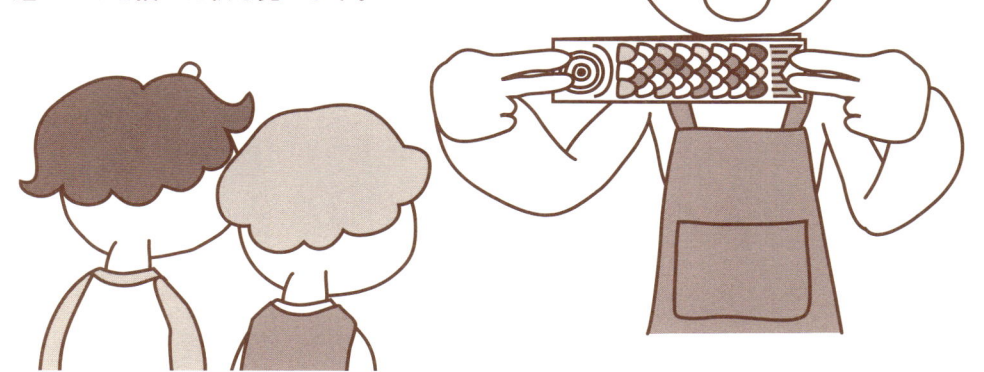

❷
「こうやって低いところに乗せると、どんどん登っていきますよ」

輪ゴムを両手で斜めに持ち、その上に鯉のぼりを乗せます。

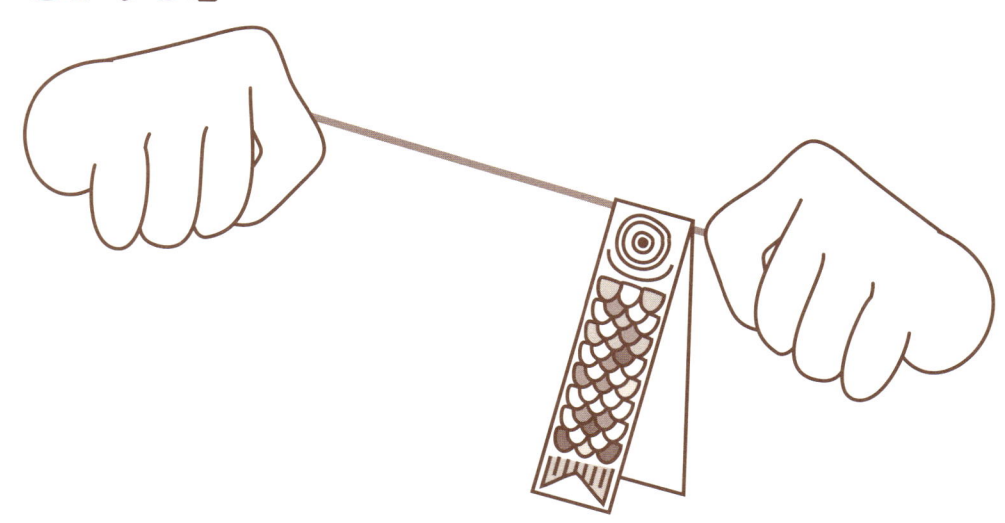

＜必要な道具＞

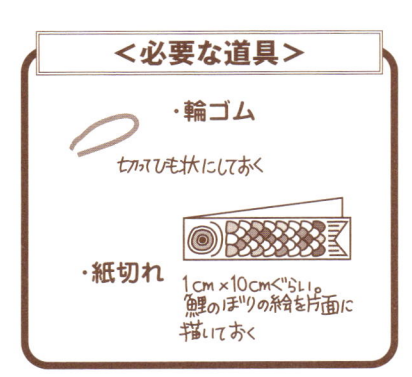

- 輪ゴム
  切ってひも状にしておく
- 紙切れ
  1cm×10cmぐらい。鯉のぼりの絵を片面に描いておく

おすすめの行事

参観日　お泊まり保育　屋外活動　季節の行事　誕生会　お別れ会

盛り上げるポイント

- 両手は、なるべく動かさないようにしてください。下側の手でゴムをゆっくり緩めるのがコツです。
- 子どもたちと行う場合、それほど神経質になる必要はありません。鯉のぼりを動かすことを楽しませるようにしてください。
- 鯉のぼりだけでなく、様々な絵を描いて動かしてみましょう。また、紙でなくても5円玉などでも動かすことができます。

③「♪やねよ～り～た～かいこいの～ぼ～り～」

歌をうたいながら鯉のぼりをのぼらせます。

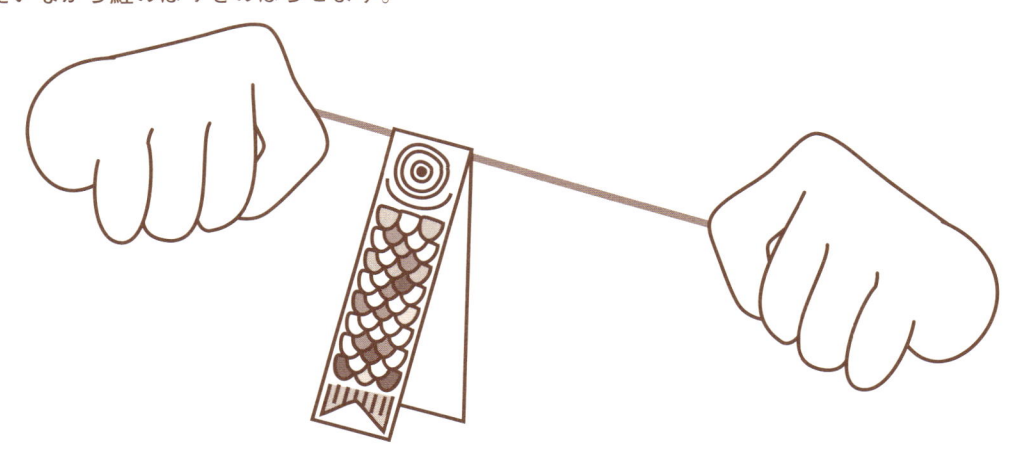

これがトリック

下側になる手の中にゴムの一方を長めに入れて持ち、上側になる手で反対側のゴムを15～20センチほど引っ張ります。見えているゴムの長さを一定に保ちつつ、下側の手の中のゴムを少しずつ緩めていきましょう。ゴムが上側の手の方向へ動き、それに合わせて紙も上昇して見えます。

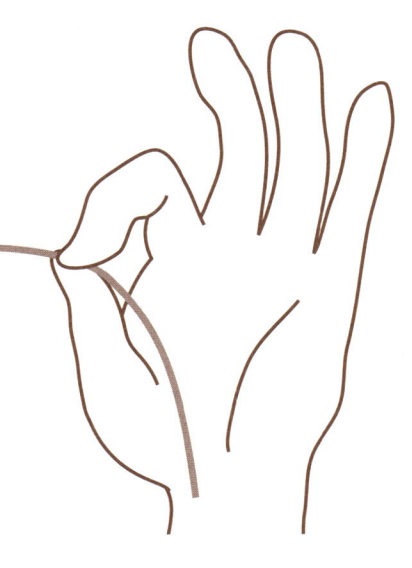

第1章　屋根より高い鯉のぼり

1 入門編 エンピツが曲がっちゃった!?

誰もが体験したことのある「目の錯覚」を、そのまま使用したマジックです。我々にとってはどうということはなくても、子どもたちには新鮮。しっかり盛り上げてみましょう。

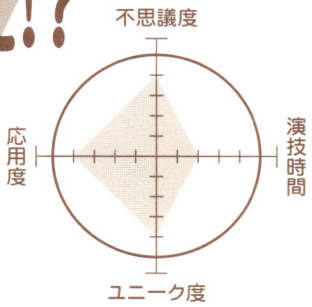

| 演技データ | 観客人数 | 少人数用 | タネを仕込む時間 | 5分 | 教えやすい |

第1章 エンピツが曲がっちゃった!?

❶
「今日は不思議な紙を用意しました」

線をたくさん引いた紙を見せ、机の上に置きます。

❷
「ここに置くと、硬いエンピツがぐにゃっと曲がってしまいますよ」

紙の外側の方にエンピツを置きます。

22

＜必要な道具＞

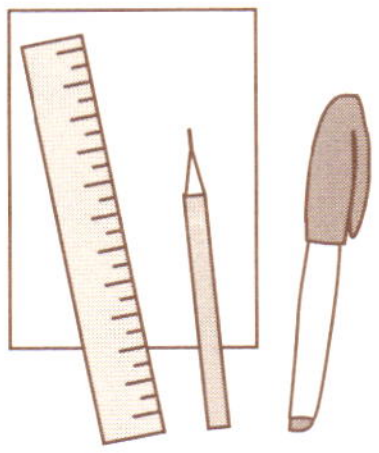

- エンピツ
- 紙
- 定規
- ペン

おすすめの行事

参観日　お泊まり保育　屋外活動　季節の行事　誕生会　お別れ会

盛り上げるポイント

- 「エンピツは硬い」「曲がらない」ということを事前にしっかりとアピールしておきましょう。
- 「曲がったように見えてくれないと困る」という意識ではなく、「曲がったように見えた子をほめる」つもりで。
- エンピツを振る時は、子どもたちにもやらせてみましょう。誰が一番上手に曲げられるかを競ってもいいです。

❸ 「こうやって線の集まっているところに寄せていくと…ほら！」

ゆっくりエンピツを転がしていくと、だんだんエンピツが曲がって見えます。

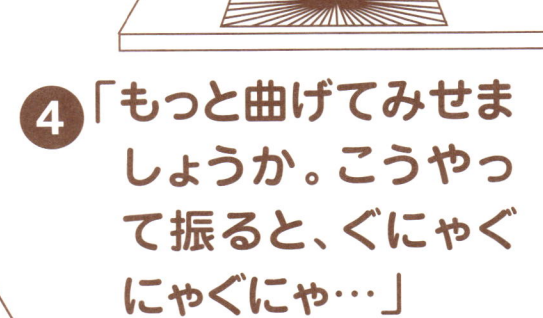

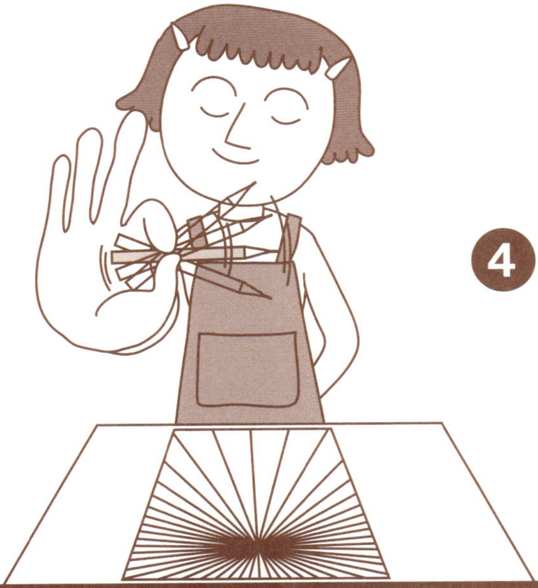

❹ 「もっと曲げてみせましょうか。こうやって振ると、ぐにゃぐにゃぐにゃ…」

エンピツのお尻の部分を持って振ることで、大きく曲げて見せます。

第1章　エンピツが曲がっちゃった!?

これがトリック

1. 紙に図のような模様を描きます（A）。線は太めに、たっぷりと書いた方が、曲がって見えやすくなります。図を拡大コピーして使用してもいいでしょう。
2. ゆっくりとエンピツを移動させ、最後に線の集中している場所の少し手前で停止させます（B）。するとエンピツが曲がって見えます。
3. エンピツを振るときは、大きく、ゆっくりと（C）。曲げて見せることを意識して行うことが重要です。

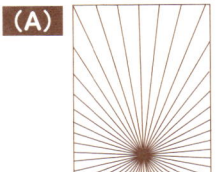

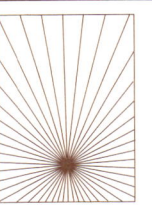

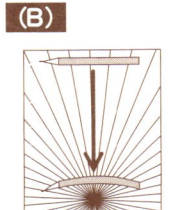

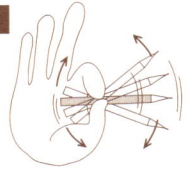

ぐにゃぐにゃボディ

1 入門編

首や肩などを引っ張ると「ポキポキ」と音がするマジックなど、かんたんな瞬間芸を3本そろえてみました。連続して行うこともできますし、ひとつだけ行っても十分ユニークです。

不思議度／演技時間／ユニーク度／応用度

| 演技データ | 観客人数 多人数用 | タネを仕込む時間 0分 | 教えやすい |

ぽきぽき首

1「先生はけっこう体が柔らかいので、体中の骨をかんたんに外せるんです」

左手で頭頂部、右手でアゴの辺りを持ちます。

2「こうやって引っ張ると…」

そのまま首を引っ張ると、ポキッという大きな音がします。首だけではなく、肩や耳、鼻もポキポキと音がします。

これがトリック

1. スパゲッティの乾麺を3センチ程度の長さに折って、左手の人さし指と中指とではさみます（A）。手の甲側から見えないように注意しましょう。

2. 最初に左手で下あごを押さえた時、このスパゲッティを前歯で挟んでくわえてしまいます（B）。

3. あとは手の動きに合わせ、パキパキと前歯でかみ砕いていきましょう。砕いたスパゲッティはそのまま飲み込んでしまっても問題ありません（ただし、子どもがまねしないように注意）。

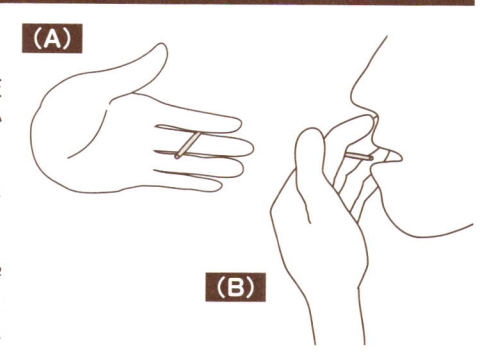

第1章 ぐにゃぐにゃボディ

<必要な道具>	おすすめの行事
・スパゲッティ	参観日　お泊まり保育　屋外活動　季節の行事　誕生会　お別れ会

盛り上げるポイント

- スパゲッティは、最初から口の中に入れておいてもかまいません。ただしこの場合、話すことができなくなるので注意！
- どれもこれもマジック自体は非常に単純ですから、話術や表情などを工夫し、笑わせるつもりで演技しましょう。
- 3つのマジックのうち1つをきっかけとして子どもたちの注意を引き、次にまったく異なるマジックを行ってもいいでしょう。

のびる腕

❶「じゃあ、十分全身が柔らかくなったところで、腕をのばしてみましょう」

左手の手のひらをこどもたちに見せ、右手で少しずつ腕をのばしていきます。

❷「ほら、こんなに長さが変わってしまいました！」

やや前屈みになって両手を合わせると、左手の方がだいぶ長くなってみえます。

これがトリック

❶ ややだぼっとした長袖の中に、左手の手のひらを半分程度入れておきます（A）。必ず手のひらを見せるように注意し、少しずつ、段階的に引っ張り出します。

❷ やや前屈みになった時は、右肩を上げ、左手を下げるということを意識的にするようにします。

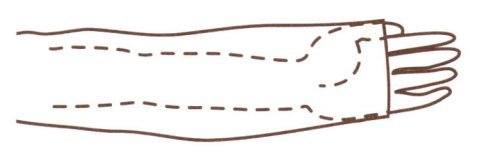

(A)

第1章　くにゃくにゃボディ

突きぬけるこぶし

❶「指も柔らかくなっています。この輪は右手のこぶしより小さいようですが…」

左手の親指と人さし指とで輪を作り、右手のこぶしを当ててみせます。

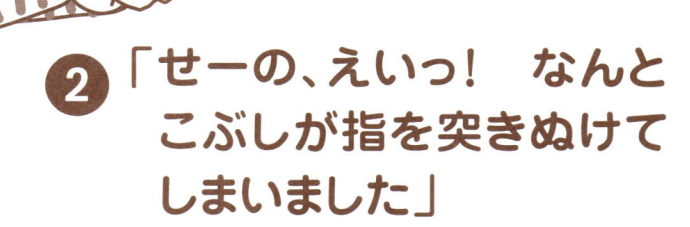

えいっ

❷「せーの、えいっ！　なんとこぶしが指を突きぬけてしまいました」

右手を勢いよく突き出すと、輪がこぶしを通り抜け、手首のところにまで移動してしまいました。

これがトリック　左手に作った輪をいったん開き、こぶしを素早く突き出すだけです。

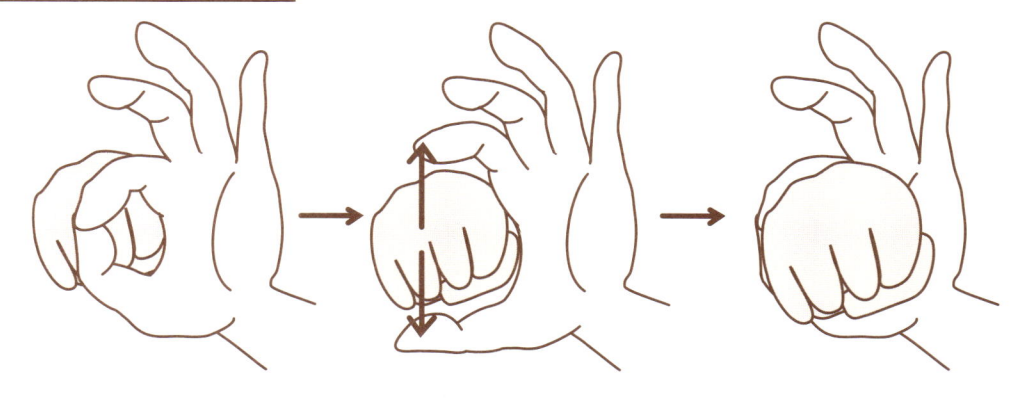

第1章　くにゃくにゃボディ

第2章

ちょっとした準備 or 練習で十分！
初級編マジック

準備や練習といっても、気合を入れて臨むほどのことはありません。
まずは身近にある道具を使い、1人でチャレンジしてみましょう。
そこで手応えを感じたら、本番用の準備や練習をすればいいのです。

2 絵からお花が咲いた！

初級編

クルクルと丸めた画用紙の中から、一輪の花を取り出すというマジックです。シンプルなマジックだけに、小さな子どもたちにも純粋な驚きと喜びが感じられるでしょう。

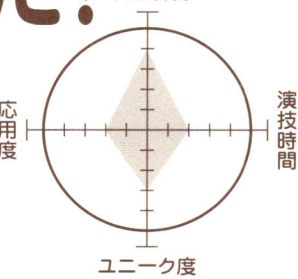

| 演技データ | 観客人数 | 少人数用 | タネを仕込む時間 | 15分 | 教えやすい |

不思議度／応用度／演技時間／ユニーク度

第2章　絵からお花が咲いた！

❶
「先生ね、ちょっと頑張って絵を描いてみました」

絵を描いた画用紙を両手で広げて見せます。

❷
「この絵、結構かわいく描けたと思うんですが、どうですか？」

表側を自分でいったん見るため、ぐにゃりと折り曲げます。見た後は再び広げます。

<必要な道具>

・造花
・絵を描いた画用紙

茎の部分が長いもの

おすすめの行事

参観日　お泊まり保育　屋外活動　季節の行事　誕生会　お別れ会

盛り上げるポイント

・最初から、両手の人さし指を紙の裏側に隠しておきましょう。タネをつかむ右手の指だけを隠すのは不自然です。
・あらかじめ、「紙の裏には何もない」ということを確認してもらってもいいでしょう。
・絵のかわりに、かわいい絵柄のチラシを使うなどしてもかまいません。

第2章　絵からお花が咲いた！

❸「それだけじゃないんですよ。こうやってクルクル丸めると…」

絵を縦に軽く丸めます。

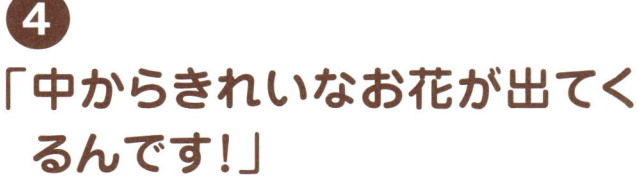

❹「中からきれいなお花が出てくるんです！」

丸めたところに右手を入れて、中から造花を取り出します。

これがトリック

❶ 袖口がややだぼっとした、長袖の服で行います。あらかじめ、左手の袖に造花をさかさまに差し込んでおきます（A）。

❷ 絵を折り曲げて自分で見るとき、右手で素早く造花を引き抜いてしまいます（B）。

❸ 造花を落とさないように絵を丸めます。図のように、先に丸めてから絵を縦にするのがコツです（C）。

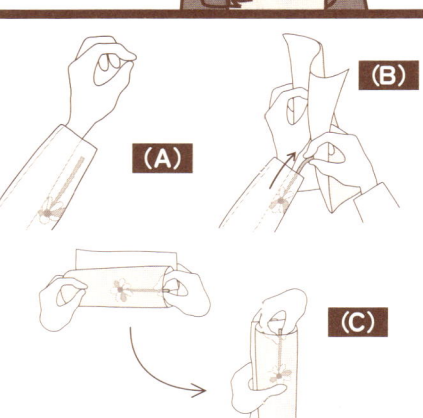

2 初級編 宙に浮く色鉛筆

にぎっていた色鉛筆から手を放すと、落ちるどころか逆に宙に浮き、踊るような動きをするというマジックです。こうしたコミカルな動きは、子どもたちも注目しやすいものです。

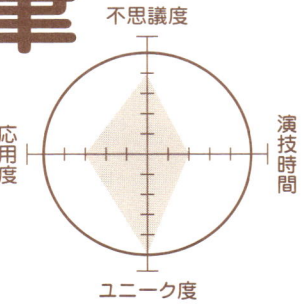

| 演技データ | 観客人数 多人数用 | タネを仕込む時間 5分 | 教えやすい |

❶
「今日は色鉛筆をたくさん持ってきました！　みんなはどの色が好き？」

色鉛筆を手に持って見せます。好きな色を聞いてみると、様々な意見が出てくるはずです。

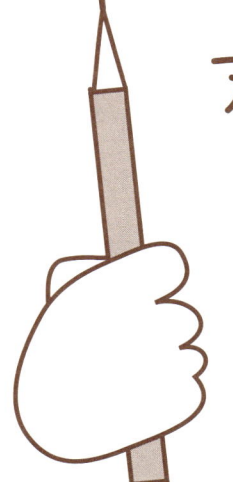

赤　ピンク　黄緑

❷
「あか！」
「赤い色が好きなの？　それじゃあ、この赤い色鉛筆を使って手品をしてみましょう」

タネを仕掛けた色が聞こえたら、そこで子どもたちの発言をストップさせます。他の色鉛筆は片づけてしまいましょう。

<必要な道具>

- 色鉛筆
- 糸
- ダブルクリップ
- セロテープ

10本以上あったら良い

おすすめの行事

参観日　お泊まり保育　屋外活動　季節の行事　誕生会　お別れ会

盛り上げるポイント

- 特に重要なのは左手の動きです。「左手の動きに合わせて色鉛筆が動く」ように見せるための練習をしてください。
- 複数の色鉛筆を持つのは、一種の演出です。少人数に見せる場合など、ここを飛ばしても特に問題はありません。
- タネを仕掛けた色が子どもたちに言われなくても、聞こえたフリをしてマジックを進めてしまって構いません。

第2章　宙に浮く色鉛筆

❸　「この赤い色鉛筆に魔法の呪文をかけると…△％#◎■*!φ!」

選ばれた色鉛筆を右手で持ち、左手をかざしながら呪文を唱えます。

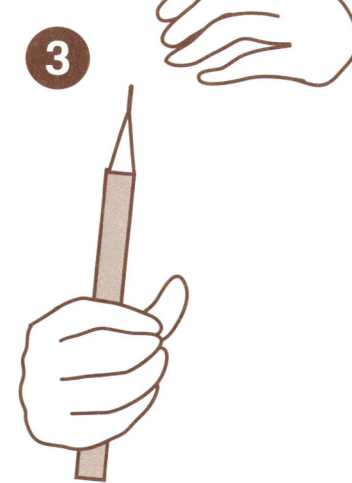

❹　「ほら、鉛筆が宙に浮きました！」

右手から離れた色鉛筆が、左手の動きに合わせ、まるで踊るように空を飛びます。

これがトリック

① 1本の色鉛筆にタネを仕掛けます。ダブルクリップと色鉛筆のお尻の部分とを、細めの糸で結びます（A）。

② ダブルクリップで上着の中やエプロンの内側などを挟み、タネの色鉛筆は図のように指にひっかけて持ちます（B）。その他の色鉛筆もダミーとして持ちます。

③ 右手を前か上に移動させれば、色鉛筆はフワリと上昇したように動きます。手を手前か下に移動させると、色鉛筆は落ちるように沈みます（C）。

(A) 約35cm

(B) ポケットの中にクリップで固定

(C)

2 初級編 歌をうたうのはだーれ？

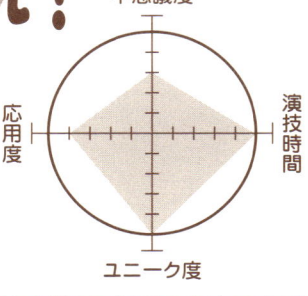

「強制法」というトリックを使ったマジックです。子どもがどういう選択をしても、最終的に出す答えは最初から決まっているという、一種の「引っかけマジック」です。

不思議度／応用度／演技時間／ユニーク度

| 演技データ | 観客人数 | 多人数用 | タネを仕込む時間 | 5分 | 教えやすい |

❶
「○○ちゃん、先生の手の右側か左側かを選んでね」
「左！」「じゃあ左の2枚を上に上げます。次は？」

黒板に4枚のカードを貼り、その中央に手を置きます。子どもの代表に左右のどちらかを選んでもらい、カードを移動させます。

❷
「左！」「じゃあ、右のカードがいらなくなりました。残ったカードが○○ちゃんの選んだカードね？」

右のカードを下側にずらします。残った左から3枚目のカードが、子どもの選んだものであることを強調します。

❸
「じゃあ、残りのカードを集めます。めくっていくので、みんな、声を出して読んでね」

残りのカードを1ヶ所にまとめ、順々にめくっていきます。『うたをうたおう』『それはいいね』『だれがうたうの？』という文章になります。

第2章　歌をうたうのはだーれ？

<必要な道具>
・紙（同じ大きさのもの4枚）
・セロハンテープ

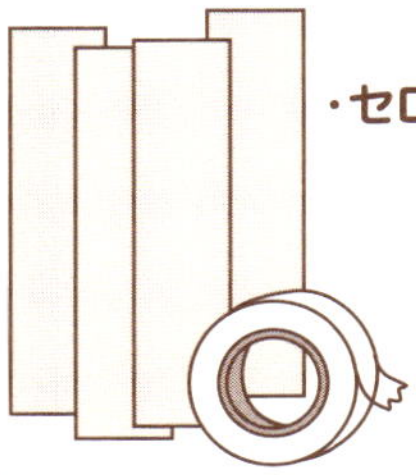

おすすめの行事
参観日　お泊まり保育　屋外活動　季節の行事　誕生会　お別れ会

盛り上げるポイント
・カードの言葉はその場にいる子どもたちと保育者、全員で読み上げるようにしましょう。
・「右か、左か」だけを問うようにし、「そのカードをどうする」ということを事前には一切言わないのがコツです。
・実際に子どもに歌をうたわせる必要はありません。子どもたち全員でうたうなどのオチにしてみましょう。

第2章　歌をうたうのはだーれ？

❹「だれがうたうのかな？ じゃあ、○○ちゃん、選んだカードをめくってみて」

子どもに選んだカードをめくってもらいます。するとそこには、『わたしがうたいます』と書いてあります。

わたしがうたいます

これがトリック

① 4枚の同じサイズのカードを作ります。大きな文字で『うたをうたおう』『それはいいね』『わたしがうたいます』『だれがうたうの？』と書き、セロハンテープをつけます。

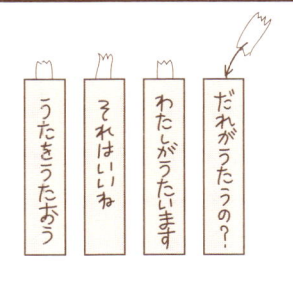

② 裏返して、順番通りに黒板に貼りつけていきます。

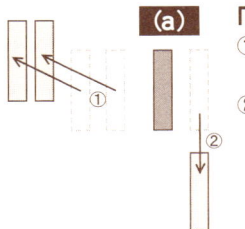

うたをうたおう　それはいいね　わたしがうたいます　だれがうたうの？

(a) 「左」→「左」
① 「左を上に上げますね」
↓
② 「左を残して右を下げますね」

(b) 「左」→「右」
① 「左を上に上げますね」
↓
② 「右も上に上げますね」

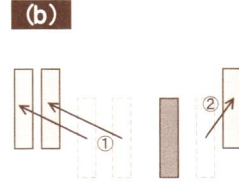

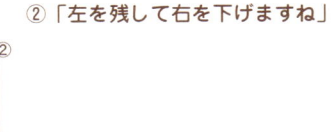

(c) 「右」→「左」
① 「右を残して左を下げますね」
↓
② 「左を残して右を下げますね」

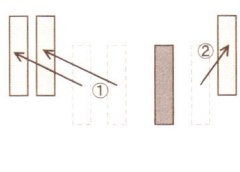

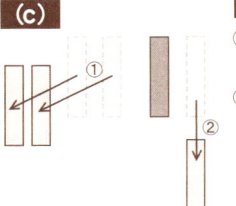

(d) 「右」→「右」
① 「右を残して左を下げますね」
↓
② 「右を上に上げますね」

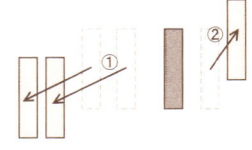

② おりひめとひこぼし

初級編

紙にくくりつけた2つのクリップが一瞬にしてくっついて飛んでいくマジックです。クリップに「おりひめ」と「ひこぼし」など様々な装飾をすることで、マジックにストーリー性を持たせることができます。

| 演技データ | 観客人数 少人数用 | タネを仕込む時間 30分 | 教えやすい |

第2章 おりひめとひこぼし

❶
「おりひめとひこぼしは1年に1回、七夕の時にしか会えません」

両手に1つずつ、人形を持って見せます。

❷
「さあ、七夕の日が近づいてきましたよ」

人形を、三つ折りにした紙に背中合わせになるように差し込みます。
(★と★、●と●をクリップではさむ)

＜必要な道具＞

- クリップ 2つ
- 紙 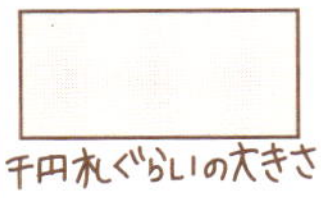　千円札ぐらいの大きさ
- 自作の紙人形　おりひめとひこぼしを描き穴をあけて糸を通しておく

おすすめの行事

参観日　お泊まり保育　屋外活動　季節の行事　誕生会　お別れ会

盛り上げるポイント

- マジックを行う前に『おりひめとひこぼし』のお話の絵本を読んで聞かせると効果的です。
- 人形なしでクリップだけでも、十分不思議なマジックです。むずかしいタネもありませんから、子どもたちにもぜひやらせてみたいものです。
- おりひめとひこぼし以外にも、動物など様々な種類の人形を作り、遊んでみましょう。

❸ 「だんだん近づいてきました。…うまく会うことができるかな？」

会えるかどうかを子どもたちにたずねてみましょう。
そうしながら、紙をゆっくりと左右に引っ張ります。

❹ 「おりひめとひこぼしは、ちゃんと会うことができました」

最後に強く紙を引っ張ると、2つの人形がくっついて飛んでいきます。

これがトリック

人形は糸などで結びつけます（A）。差し込むクリップの向きに注意しましょう（B）。また、紙は薄手のものにして、なるべく折り目をつけないようにします。ゆっくり引っ張ればうまくくっつきます。

第2章　おりひめとひこぼし

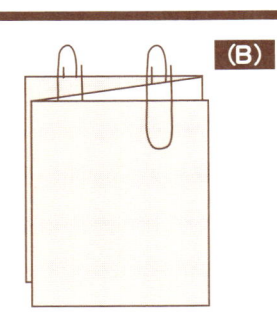

2 初級編 枯れ木に花を咲かせましょう

並べた白い紙をひっくり返すと、そこに桜の花が描かれているというマジックです。絵を描くだけでタネが作れますが、絵に自信のない人は写真などを使ってもいいでしょう。

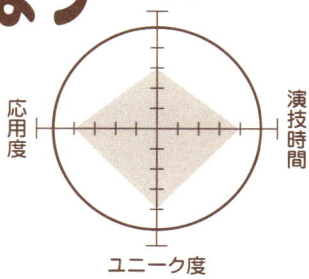

| 演技データ | 観客人数 | 多人数用 | タネを仕込む時間 | 30分 | 教えやすい |

不思議度／応用度／演技時間／ユニーク度

❶「ここに真っ白い紙が何枚かあります。これを並べていきます」

黒板や机などに紙を1枚ずつ置いていきます。置くたびに持っている紙をくるりとひっくり返し、何も描かれていないことをよく見せます。

❷「最後の紙には、枯れた木が描いてあります。これを真ん中に置きます」

一列に並べた白い紙の中央に枯木が描かれた紙を置きます。

＜必要な道具＞

- 紙（桜の絵を描いたもの4枚、枯木を描いたもの1枚）
  ×4枚
  ×1枚
- 細かくちぎった紙（紙吹雪にする）

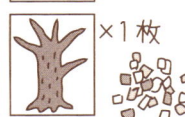

おすすめの行事

参観日　お泊まり保育　屋外活動　**季節の行事**　誕生会　お別れ会

盛り上げるポイント

- 紙をひっくり返す時は素早く、さりげなく。あまりていねいに見せると怪しまれてしまうので、注意しましょう。
- 事前に「はなさかじいさん」の絵本を読んであげるなど、演出も工夫してみましょう。
- 桜の花だけでなく、「動物園から逃げた動物はどこ？」など、様々なイラストや物語を組み合わせて行ってみましょう。

第2章　枯れ木に花を咲かせましょう

❸「これだけだとさびしいので、灰を振って桜の花を咲かせてみましょう」

ポケットから紙吹雪を取り出して、置いた紙に振りかけます。

❹「4枚の紙をひっくり返すと、きれいな桜の花が咲きました！」

白い紙を1枚ずつ裏返していくと、そのすべてに桜の花が描いてあります。

これがトリック

1. 同じ大きさの紙を5枚用意し、4枚の紙に桜の花を、1枚には枯木を描きます。裏面はすべて白紙にします(A)。
2. 描き上げた5枚を、あらかじめイラストのような順番に重ねておきます(B)。
3. 子どもたちに見せる時には、1枚置いては紙の束をひっくり返し、もう1枚置いてはひっくり返し…と、常に白い側だけを見せるようにします(C)。

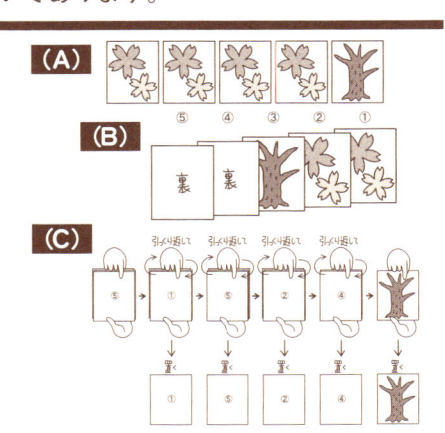

37

2 不思議なクリスマスカード
初級編

子どもに持ってもらったクリスマスカードが、持っている指をすり抜けるというマジックです。実際に子どもが参加するマジックは、スムーズに行う事ができれば大いに喜んでもらえます。

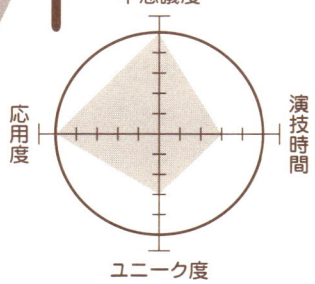

| 演技データ | 観客人数 少人数用 | タネを仕込む時間 15分 | 教えやすい |

不思議度／演技時間／ユニーク度／応用度

❶
「今日はみんなに、クリスマスカードを使った不思議な手品を見せたいと思います」

クリスマスカードをよく見せます。切れている箇所を動かすなど、奇妙な形状であることを強調しましょう。

❷
「じゃあ、○○ちゃん、この部分をしっかり持ってね。…みんな、ここのお星様は○○ちゃんの指より下にはなりませんよね？」

子どもにカードを持たせ、★の部分がどうやっても指より下に移動しないことをたしかめます。

第2章 不思議なクリスマスカード

<必要な道具>

- 手製のクリスマスカード（派手で丈夫なものが望ましい）
- ハサミ
- ハンカチ（大きめのもの）

おすすめの行事

参観日 / お泊まり保育 / 屋外活動 / 季節の行事 / 誕生会 / お別れ会

盛り上げるポイント

- ハンカチを使うと不思議さは増しますが、かなりむずかしくなります。子どもたちにしばらく目をつぶってもらっても構わないでしょう。
- 最初に「どうやったら指を通せるか？」を子どもたちに考えさせてみましょう。また、普通では通らないこともアピールしましょう。
- クリスマスカードにこだわらなくても、紙に印をつけたもので十分不思議なマジックになります。

第2章　不思議なクリスマスカード

❸ 「ところがここにハンカチをかけて…ちちんぷいぷい〜」

カードにハンカチをかけ、呪文を唱えながら両手でタネを動かします。

❹ 「はいっ。なんとお星様が○○ちゃんの指をすり抜けてしまいました！」

一気にハンカチを取り去ると、★が指の下に移動しています。

これがトリック

1. カードは絵を描いた後、真ん中から折って切り込みを入れます。指の下に来る部分にはわかりやすいよう、ペンなどで印をつけておきましょう（A）。

2. ハンカチをかぶせたら外側の部分を、自分から見て手前にグルリと回してしまいましょう（B）。

3. 最後にねじれた両サイド部分をひっくり返して、ハンカチを取ります（C）。

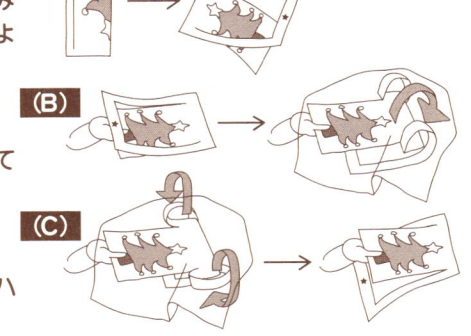

2 初級編 いち、にの、さん！で消えるボール

手のひらで物を隠す、「パーム」と呼ばれるテクニックの初歩を使ったマジックです。ピッタリ手のひらに収まるようなサイズのボールを使えば、割に誰でもかんたんに行えます。

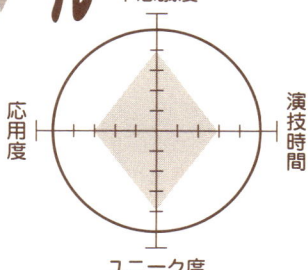

| 演技データ | 観客人数 多人数用 | タネを仕込む時間 0分 | 教えやすい |

❶
「このボールを、1、2の、3！で消して見せましょう」
手に持ったボールを子どもたちによく見せます。

❷
「いーち！」
ボールを左手で軽く、真上に投げます。

<必要な道具>	おすすめの行事
・ボール　ピンポン玉くらいの大きさ　※なければティッシュを丸めたもの	参観日 / お泊まり保育 / **屋外活動** / 季節の行事 / 誕生会 / お別れ会

盛り上げるポイント

・「いち、にの、さん」のかけ声は、その場にいる全員に出させましょう。その方が臨場感が高まります。
・うまく隠すことができれば、あとは演技力の勝負です。手だけでなく、顔や目で消えたボールの軌道を追うことが重要です。
・机の下やポケットの中など、消したボールを意外なところから出してもおもしろいでしょう。

❸「まだ消えていませんね？」

右手に持ってもう一度よく見せます。続けて「にーの」と言いながら、同じことを繰り返します。

❹「さーん！　あ、ボールが消えてしまいました」

今度は両手で投げると、完全にボールが消えてしまいます。

これがトリック

① 右手で見せたボールを左手に受け渡して投げる、というのがポイントです。「さーん」で、左手の手のひらに右手で軽くボールを押しつけます（A）。

② そのまま両手を合わせるようにします。この状態で右手の手のひらを少しすぼめると、ボールをうまくつかむことができます（B）。

③ 右手でボールを隠したまま、両手で放り投げるフリをします。左手の手のひらをよく見えるようにし、少し遅れて顔を上に向けるのがコツです（C）。

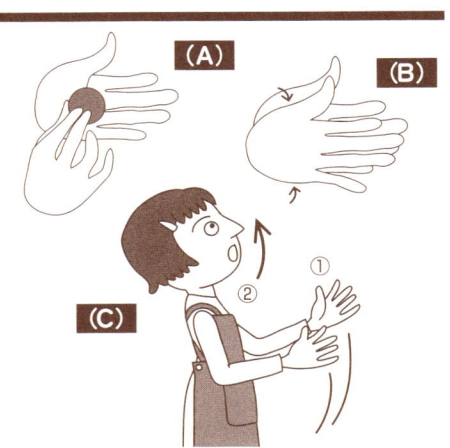

第2章　いち、にの、さん！　で消えるボール

② わりばし友情パワー
初級編

わりばしをゴムの力で動かすだけなのですが、「子どもたち
の力を借りる」というところがこのマジックのポイントです。
ケンカの仲裁などにも一役買えそうなマジックです。

| 演技データ | 観客人数 少人数用 | タネを仕込む時間 5分 | 教えやすい |

第2章 わりばし友情パワー

❶
「○○ちゃん、□□ちゃん、
ちょっと手を出してみて」

子どもたち2人に前に出てきてもらい、
手を出してもらいます。

❷
「じゃあ、2人の友情パワ
ーを使ってこのわりばし
を動かしてみましょう」

わりばしを1膳ずつ左右の手に持ち、
子どもたちの手をこすります。

<必要な道具>

- わりばし(2膳)
- 輪ゴム
- ホッチキス

おすすめの行事

参観日　お泊まり保育　屋外活動　季節の行事　誕生会　**お別れ会**

盛り上げるポイント

- 輪ゴムが子どもたちから見えないように、右手の向きには十分注意しましょう。
- 一度目はわりばしを動かさず、「もっと2人の力を合わせてくれないと…」と、子どもに参加意識を持たせてみましょう。
- 大きな音を立ててわりばし同士をぶつけるためには、練習が不可欠です。

第2章　わりばし友情パワー

❸「よし！　2人のパワーが十分わりばしに集まりましたよ」

わりばしの持ち方を変え、子どもたちからよく見えるようにします。

えいっ!!

パチン

❹「パワーばくはつ、えいっ！」

右手のわりばしが、左手に持ったわりばしに吸い付くように動き、パチンという大きな音が出ます。

これがトリック

① 右手に持つわりばしには、図のような仕掛けを作っておきます。輪ゴムはホッチキスでくっつけます（A）。これでタネは完成です。

② タネは図のように、輪ゴムを人さし指にかけ、引っ張った状態にして持ちます（B）。にぎった手の力をゆるめると飛び出す仕組みです。これで左手のわりばしを叩きます（C）。

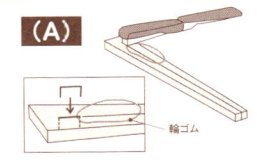

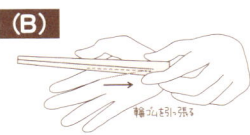

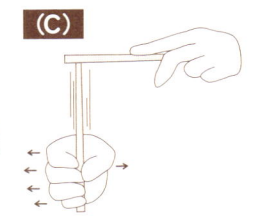

(A) 輪ゴム
(B) 輪ゴムを引っ張る
(C)

2 お茶碗からお年玉

初級編

空っぽの茶碗を2つ合わせて振ると、中からコインが出てくるというマジックです。ポイントになるのはジャラジャラという大きな音。めでたい雰囲気を出せるように演技することが重要です。

| 演技データ | 観客人数 多人数用 | タネを仕込む時間 0分 | 教えやすい |

❶ 「みんなはお年玉をいっぱいもらったかな？ 先生はまだもらっていません。そこでこのお茶碗からお年玉をもらおうと思います」

2つ重ねた茶碗を、机の上に下向きに置きます。

❷ 「中は見ての通り空っぽですね」

茶碗を両手に1つずつ持ち、中を子どもたちによく見せます。

<必要な道具>

・同じ大きさの茶碗2つ
いとじりの部分が深いもの

・コイン数枚
10円玉が大きな音が出るもの

おすすめの行事

参観日 / お泊まり保育 / 屋外活動 / **季節の行事** / 誕生会 / お別れ会

盛り上げるポイント

・大きなアクションと音でしっかりとアピールすると、よりめでたい雰囲気が出せます。
・茶碗はいとじりの深いものを使用しましょう。その方がたくさんコインが入ります。
・コインは音の出やすい、大きなものを使います。外国の硬貨でもよいでしょう。

第2章　お茶碗からお年玉

❸
「じゃあお年玉の出てくる
おまじないをしましょう。
…※♯♪％＄△◆＋…」

もう一度茶碗を重ねて机に置き、呪文を唱えます。

❹
「どうやらお年玉が
できたようなので、
確かめてみましょう…
えいっ！」

茶碗を重ねたまま持ち、かけ声をかけて
ひっくり返します。

❺
「振ると…ホラ、中からお金の音がするでしょう」

茶碗の口同士を合わせて大きく振ると、中からジャラジャラとお金の音がします。

❻
「見事、お年玉ができました。うれしいですねえ」

茶碗から茶碗へ、コインを移してみせます。

これがトリック

① 茶碗と茶碗の間のいとじりの部分に、あらかじめコインを詰めておきます。この状態で振っても音が出ないよう、ギッシリと詰めます（A）。

② 茶碗の中を見せる時は、コインが見えないように注意します。上の茶碗を向こう側にいったんずらすことでかくします。コインは人さし指で押さえるようにしましょう（B）。

③ 茶碗をひっくり返すと、どうしてもガチャガチャと音がしてしまいます。茶碗同士を手で強く挟むことで、中のコインが動きにくいようにします。なおかつ「えいっ！」という大きなかけ声で、カモフラージュしましょう。

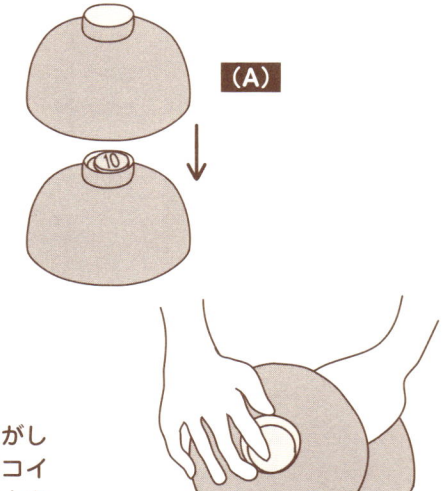

第3章

演出でもしっかり盛り上げたい
中級編マジック

マジック自体の難しさは、1～2章とほとんど変わりません。
ただし、やや演技時間が長いものが多くなります。
メリハリのついたトークや、ていねいな小道具づくりといった演出で、
うまく場を盛り上げてみましょう。

3 仲良しワンニャン

中級編

6枚のカードに描いたイヌとネコ。このカードの順番が、一瞬にして入れ替わるというマジックです。かなり本格的なマジックなので、保護者の方に見せても驚かれるでしょう。

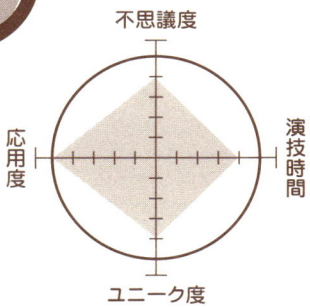

| 演技データ | 観客人数 多人数用 | タネを仕込む時間 30分 | 教えやすい |

❶
「今日は先生のペットを連れてきました。イヌが3匹、ネコが3匹です」

裏表に絵の描かれたカードを6枚持ち、広げて見せます。両面を見せながら、机の上に置いていきます。

❷
「イヌとネコは仲が悪いって言うけれど、うちのペットはちがいますよ」

イヌ、イヌ、イヌ、ネコ、ネコ、ネコの順番に、カードをひもにつけた洗濯ばさみにはさんでいきます。

<必要な道具>

- 同じ大きさのもの6枚
- ・絵を描いた画用紙
- ・ひも
- ・洗濯ばさみ

6個　70cmぐらい

おすすめの行事

参観日　お泊まり保育　屋外活動　季節の行事　誕生会　お別れ会

盛り上げるポイント

- ・イヌとネコ以外でも、「ネコとネズミ」でもかまいませんし、「リンゴとバナナ」などでもユニークなマジックになります。
- ・絵はすべて手書きで描くより、コピーしたものに色づけすれば、同じものが速く、たくさん作れます。
- ・タネとなる3枚目・4枚目のカードも、上下を逆にして一瞬だけ裏を見せるようにすれば、より本格的になります。

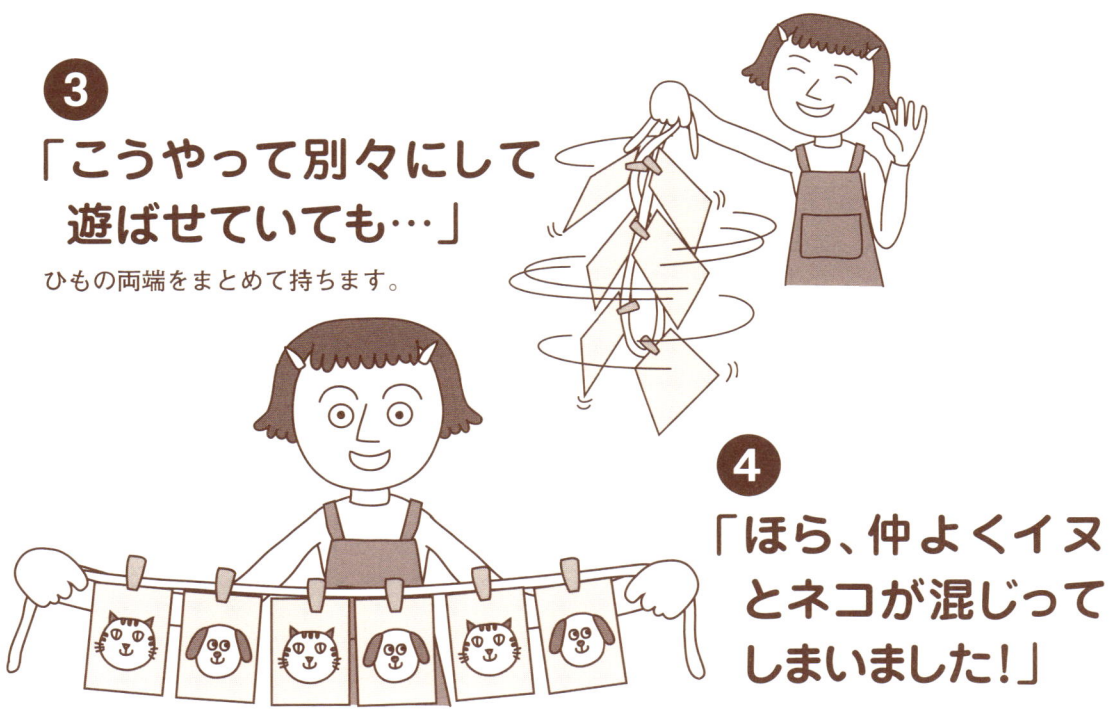

第3章 仲良しワンニャン

❸「こうやって別々にして遊ばせていても…」

ひもの両端をまとめて持ちます。

❹「ほら、仲よくイヌとネコが混じってしまいました！」

ひもを一気に広げると、カードの順番が犬、ネコ、犬、ネコ、犬、ネコになってしまいます。

これがトリック

① カードは図のように作り、あらかじめ順番通りに並べておきます（A）。まずこの状態で、表側だけ広げて見せます。

② 1枚目と2枚目を、裏表見せてから机に置きます。次に5枚目と6枚目を、同じようにめくってから机に置きます（B）。

③ 3枚目と4枚目はさりげなく、表のみ見せます。そして3枚目は1枚目と2枚目の間に、4枚目は5枚目と6枚目の間にはさんでしまいます（C）。1→3→2→5→4→6という順番に並び替えるわけです。

④ 並べ替えた順番のまま、カードを洗濯ばさみにはさみます。ひもの両端をまとめた時に、持つ位置を左右入れ替えます（D）。この状態でひもを広げます。

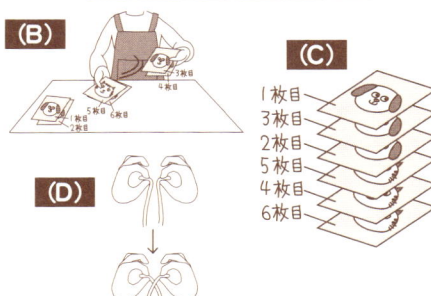

(A) 1枚目 2枚目 3枚目 4枚目 5枚目 6枚目 表／裏

(B)

(C) 1枚目／3枚目／2枚目／5枚目／4枚目／6枚目

(D)

3 中級編 紙コップからこんにちは

重ねた紙コップの中から、文字を書いたたんざくなど、様々なものを取り出すというマジックです。シンプルでかんたん、また、応用のはばも広いので、様々な場面に対応できます。

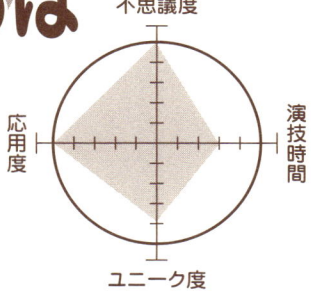

| 演技データ | 観客人数 | 少人数用 | タネを仕込む時間 | 5分 | 教えやすい |

❶
「ここに、2個の紙コップがあります。中には何も入っていませんね」

両手に1つずつ紙コップを持ち、中身が空であることをよく見せます。

❷
「では、この紙コップを重ねましょう」

最初に持ったコップの上に、反対の手のコップを重ねます。

❸
「次に2つのコップを逆に重ねると…」

上下のコップを入れ替えて、再び重ねます。

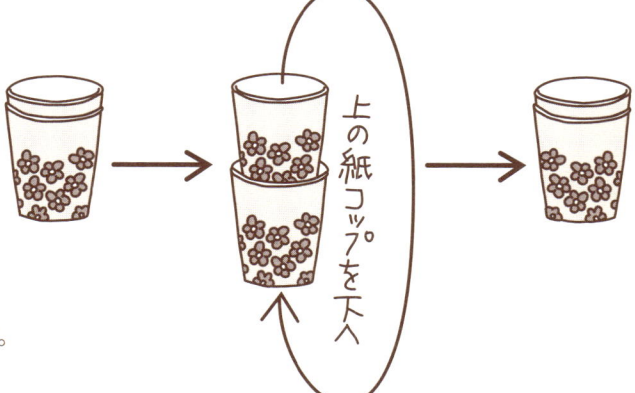

上の紙コップを下へ

＜必要な道具＞

- 紙コップ3つ（模様のついたもの）
- ハサミ
- 紙
- 五円玉

ハサミ・紙・五円玉でたんざくをつくる

おすすめの行事

参観日　お泊まり保育　屋外活動　　季節の行事　誕生会　お別れ会

盛り上げるポイント

- コップは白いものではなく、必ず模様のついたものを使用しましょう。
- タネはいろいろと工夫してみてください。同じたんざくでも、「ごそつえんおめでとう」など状況に応じて変化させられます。
- たんざくを見せたあと、再びコップの中を確認させると、より子どもたちが不思議がります。

第3章 紙コップからこんにちは

❹「コップの中から『たんじょうびおめでとう』という文字が出てきました！」

上のコップの中から文字が書かれたたんざくが出てきます！

これがトリック

1. 紙コップの下から3センチぐらいのところにハサミを入れ、切り離します（A）。この下の部分だけを使用します。

2. 紙でたんざくを作ります。細長い形状であればどんなものでもかまいません。文字を書き、一番下の裏側に、おもりとなる5円玉を貼りつけます（B）。

3. このたんざくを折りたたみ、切り離したコップの中に入れます。これを別のコップの下側にはめればタネの完成です（C）。

4. タネの部分をしっかりと持ち、その下にタネのないコップを反対の手で重ねます（D）。

5. コップを上下入れ替えます。この時手に持ったタネをもう1つのコップの中に落としてしまいます（E）。

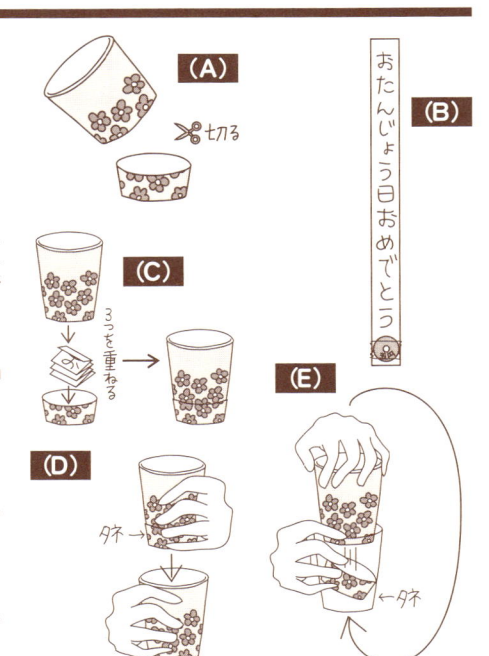

(A) 切る
(B) おたんじょう日おめでとう
(C) コップを重ねる
(D) タネ→
(E) ←タネ

51

3 切れないひも

中級編

2本のひもを重ねて持ち、ハサミで真ん中から切ってしまうというマジックです。もちろんひもは切れないというトリックですが、子どもたちがまねできるように、どこにでもあるようなひもを使用しましょう。

| 演技データ | 観客人数 多人数用 | タネを仕込む時間 5分 | 教えやすい |

不思議度／演技時間／ユニーク度／応用度

❶
「このひもは、ハサミで切っても大丈夫という魔法のひもなんですよ」

2本のひもを両手に1本ずつ持ち、子どもたちによく見せます。

❷
「じゃあさっそく試してみましょうか。魔法の力を強くするこの不思議な紙で挟んで、呪文をかけます」

束ねたひもの中央を厚紙で挟み、厚紙ごと2つに折ります。そして呪文をかけるジェスチャーをします。

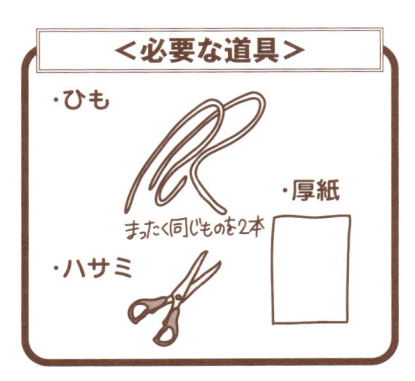

<必要な道具>
・ひも（まったく同じものを2本）
・厚紙
・ハサミ

おすすめの行事

参観日　お泊まり保育　屋外活動　季節の行事　**誕生会**　**お別れ会**

盛り上げるポイント

・ひも以外でも、大きめのハンカチやタオルなどでも代用が効きます。必ずまったく同じものを使用しましょう。
・ひもを切り離したあと、いったん厚紙ごと両手に分けて持つと、本当に切れたように見えます。
・ハサミで切る前に、複雑な呪文を唱えるなど、子どもたちには「普通のひもでは絶対にできない」ことを強調しましょう。

第3章　切れないひも

❸「これで準備はできました。それじゃあ切りますよ。イチ、二の、サン！」

厚紙を持ったまま、折った部分をハサミで一気に切ります。そのまま厚紙から手を離さず、子どもたちに切った部分をよく見せましょう。

❹「切ったひもは、バラバラになっているはずだよね。…じゃあ、紙を取ってみましょう！」

厚紙から一気にひもを引っ張ります。魔法のひもは4本にならず、2本のままです。

これがトリック

① 2本のひもはあらかじめ輪ゴムに通してつないでおきます。まず最初に、輪ゴムを指でかくしたまま引っ張り、タネのないように見せます（A）。

② 片手で輪ゴム部分を握るように持ち替えます。素早く持ち替えることで、2本のひもを束ねて持っているように見えます。ここを厚紙で挟みます（B）。

③ 輪ゴムがある部分を厚紙の上から切ります。

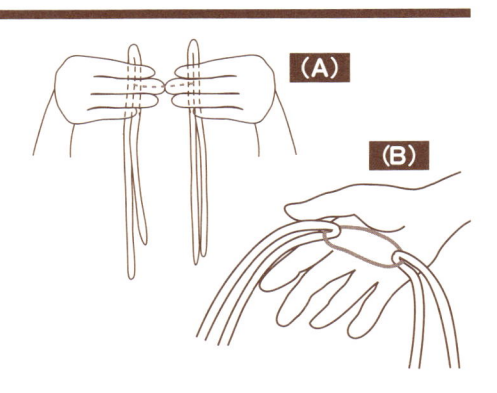

3 中級編 どんな言葉ができるかな？

バラバラの文字が書かれたカードを広げると、1枚の大きな紙に早変わりし、しかも文章までできあがってしまうというマジックです。文字を覚えさせるのにも便利なマジックです。

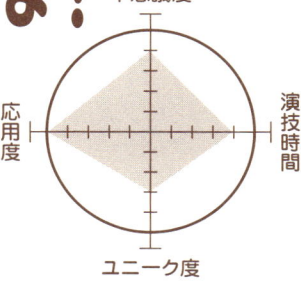

| 演技データ | 観客人数 多人数用 | タネを仕込む時間 30分 | 教えやすい |

不思議度／応用度／演技時間／ユニーク度

第3章 どんな言葉ができるかな？

❶
「今日は文字の書かれたカードをたくさん持ってきました」

クリップでとめたカードの束を見せます。

❷
「こんなふうに1枚ずつ文字が書いてあります。みんな、読めるかな？」

カードを1枚ずつ見せていきます。見せるたびに声を出して読ませてみましょう。

❸
「じゃあ、この文字を並べるとどんな言葉になるでしょう？こうやってまとめて…」

カードの端をそろえて束ね、再びクリップで留めます。

<必要な道具>

- 紙
- ペン
- のり
- はさみ
- ダブルクリップ

おすすめの行事

参観日　お泊まり保育　屋外活動　季節の行事　誕生会　お別れ会

盛り上げるポイント

- 広げた時の紙のサイズは最小でA4程度。大きいものが作りたければ、新聞紙程度に模造紙を切って使ってもいいでしょう。
- 文字ではなく、イラストを使ってもユニークです。カードに果物を1つずつ描き、広げると大きな果物カゴになる、などです。
- カードを1枚ずつ見せる時、すべて見せる必要はありません。時間をかけすぎて、子どもがあきないように注意しましょう。

第3章 どんな言葉ができるかな？

❹「ワン、ツー、スリー！もうすぐお正月なので『あけましておめでとう』という言葉になりました！」

カードの端を持って両手で一気に広げると、言葉の書かれた大きな紙になります。

これがトリック

① 図のように紙を折り、そこに文章を書きます（A）。紙の大きさは、新聞紙ぐらい大きなものでも差し支えありません。

② 折ったことで紙にマス目ができます。このマス目と同じ大きさのカードを、別の紙を切って作り、文章と同じ文字を1文字ずつ書いていきます（B）。なお、文章のすべてを書く必要はありません。

③ カードの1枚を、紙の裏側に図のように貼り付けます（C）。のりは全面には塗らず、少し上の方を残しておきましょう。

④ 残りのカードをバラバラの順番に束ね、紙ののりを塗ってない場所にクリップで留めます（D）。これでタネの完成です。子どもたちにカードを1枚ずつ見せた後も、同じようにバラバラの順番で留めます。

⑤ あらかじめ紙の裏側に作っておいた持ち手部分を図のように持ち、一気に広げます（E）。

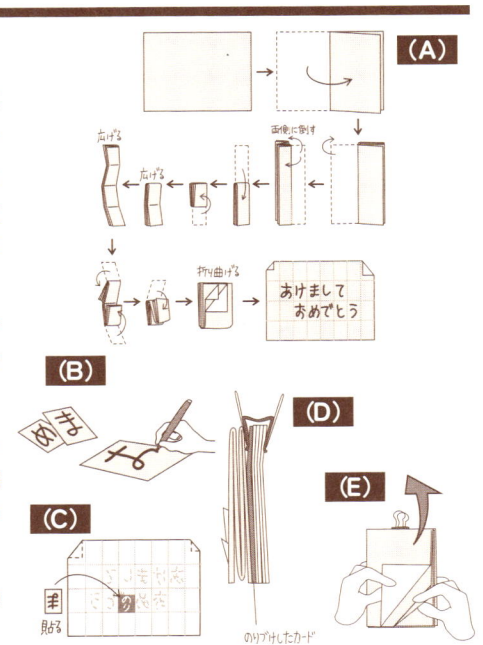

③ 冷たい飲み物をどうぞ！
中級編

ペシャンコにつぶれていたはずの紙袋から、飲み物の入ったペットボトルが出てくるというユニークなマジックです。また、ペットボトル以外にも様々なものを取り出すことが可能です。

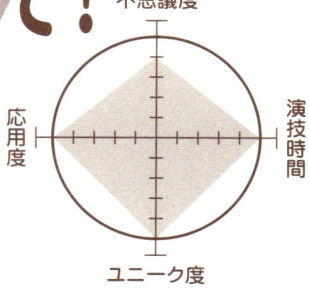

| 演技データ | 観客人数 多人数用 | タネを仕込む時間 5分 | 教えやすい |

不思議度／応用度／演技時間／ユニーク度

第3章　冷たい飲み物をどうぞ！

❶ 「この袋はね、先生のために飲み物を出してくれる魔法の袋なの」

潰した状態の紙袋の裏表をパンパンと叩き、中が空っぽであることをアピールします。

❷ 「今はもちろん何も入っていないけど…」

袋を広げ、仕掛けのないことを子どもたちによく見せます。

＜必要な道具＞

- ペットボトル　500ミリリットル
- 紙袋　ペットボトルよりひと回り大きいくらいが理想。

おすすめの行事

参観日　お泊まり保育　**屋外活動**　季節の行事　誕生会　お別れ会

盛り上げるポイント

- 紙袋はあまり大きくない、細長い形状のものを使用すると、より驚きの度合いが高まります。
- ペットボトルを取り出した袋は、もう一度つぶしてから叩き、タネのないことをアピールしましょう。
- 取り出すものはペットボトルに限らず、細長い形状のものであればなんでも大丈夫です。

第3章　冷たい飲み物をどうぞ！

❸ 「※#♪%$△◆＋…　魔法の呪文を唱えながら手を入れると…」

怪しい呪文を唱えながら袋に手を入れると、だんだんペットボトルが出てきます。

❹ 「なんと、冷たーい飲み物が出てきました！　ああおいしい」

取り出したペットボトルを開けて、中の飲み物を飲んで見せましょう。

これがトリック

①　袋にはあらかじめ切り込みを入れておきます。底面近くを切れば、袋をつぶした時には切り込みは見えません。広げた時には自分の方に切り込みが来るように注意しましょう（A）。

②　飲み物はあらかじめエプロンのポケットにかくしたり、ズボンのベルトで挟んだり（上着でかくす）しておきます。袋の切り込みから手を出し、これをつかむわけです（B）。

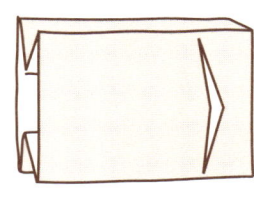

(A)
(B)

3 飛び出すレモンの絵

中級編

スケッチブックの1ページを破り取り、それを丸めると中からレモンが出てくるマジックです。やり方さえ覚えてしまえばさほどむずかしくもなく、タネを変えることでバリエーションをふやせるのも魅力です。

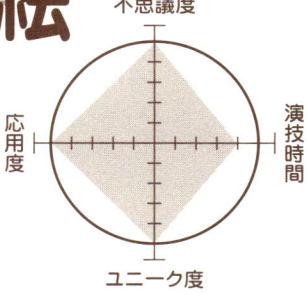

不思議度 / 応用度 / 演技時間 / ユニーク度

| 演技データ | 観客人数 | 多人数用 | タネを仕込む時間 | 0分 | 教えやすい |

❶
「このスケッチブックはね、一瞬にして絵が描ける魔法のスケッチブックなんです」

体の横にスケッチブックを持ち、表紙を見せ、中のページが真っ白であることもたしかめてもらいます。

❷
「じゃあ、○○ちゃんの好きなページにレモンの絵を描いてみましょう。○○ちゃん、途中でストップって言ってね。…はい、ここですね」

右手の親指でページをパラパラとめくります。ストップがかかったところでめくるのをやめます。

❸
「では、このページを破ります」

そのページを左手で破ります。

＜必要な道具＞

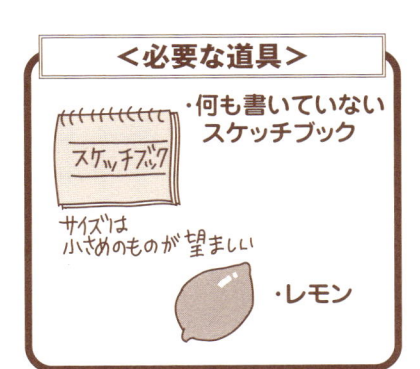

- 何も書いていないスケッチブック
  サイズは小さめのものが望ましい
- レモン

おすすめの行事

参観日　お泊まり保育　屋外活動　季節の行事　誕生会　お別れ会

盛り上げるポイント

・片手でつかめるようなものであれば、ミカンや栗、あるいは消しゴムなど、どんなものでも使えます。
・様々なタネを机の下に隠しておき、いったんしまったスケッチブックと同時に取り出せば、続けて何度もマジックを行うことができます。
・お誕生会にプレゼントを渡す時や、野菜を教材にする場合の前フリとしてなど、様々な使い方を工夫できます。

第3章　飛び出すレモンの絵

④ 「そしてこのページを丸めると…」

スケッチブックを置き、両手でページを丸めます。

⑤ 「あれあれ、絵ではなくて本物のレモンが出てきてしまいました！」

丸めた紙を再び広げると、中からレモンが出てきます。

これがトリック

1. スケッチブックの裏では、右手でレモンを隠し持っています（A）。

2. 左手で破ったページを右手で持ち直します（B）。

3. スケッチブックを左手に持ち替えてから下に置きます。右手のレモンは破いたページで隠し、そのままくるんでしまいます。

(A)

(B)

③ あふれ出す砂

中級編

右手の中からパラパラと砂が出てくるマジックです。砂でしたらほとんどの園庭でかんたんに集められますし、屋外で砂遊びの合間に気軽にできるというのも魅力的だといえます。

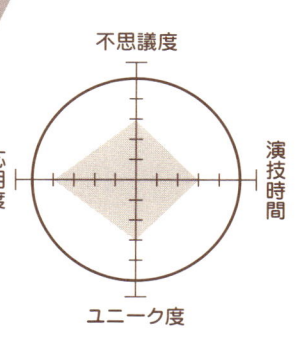

不思議度／演技時間／ユニーク度／応用度

| 演技データ | 観客人数 少人数用 | タネを仕込む時間 5分 | 教えやすい |

❶
「先生の手を見てください。どちらの手も何も持っていませんね？」

子どもたちに左右の手を広げて見せます。表も裏もしっかりと。

❷
「ここにトレイがありますね？中には何も入っていません」

机の上に置いてあったトレイを持ち上げて、中をよく見せます。

＜必要な道具＞

- トレイ（大きな菓子箱などでもいい）
- 砂や塩
- ティッシュ
- セロハンテープ

おすすめの行事

参観日　お泊まり保育　**屋外活動**　季節の行事　誕生会　お別れ会

盛り上げるポイント

・砂は観客から少し見えにくいという弱点があります。見やすさを優先する場合、砂に着色したり、塩で行うべきでしょう。
・砂はなるべく高い位置からこぼしましょう。また、ある程度勢いよく落とした方が、大きな音が出て派手な演出になります。
・砂がトレイを叩く音は、まるで雨音のようです。これを利用し、「手から雨が降る」という内容にしてもいいでしょう。

第3章　あふれ出す砂

❸「では、このトレイの上で呪文をかけながら手を動かすと…」

右手のこぶしをトレイの上でギュッギュッともむように動かしながら、呪文を唱えます。

❹「パラパラパラ…。手の中から音を立てて砂が出てきました!」

手を動かし続けると、トレイの中に音を立てて砂がこぼれ落ちます。

これがトリック

1. ティッシュ1枚に砂（塩などでも可）をくるみ、口をねじってしぼります。余った部分を切り取ってタネの完成です（A）。

2. できたタネをセロハンテープでトレイの下につり下げます。この部分が手前に来るようにして、トレイを机の上にあらかじめ置いておきます（B）。

3. トレイの中を見せる時、タネをさりげなく右手で取ってしまいます（C）。取ったタネはそのまま右手で隠し持ちます。

4. 砂をくるんだティッシュは、強くにぎることでかんたんに破れます（D）。もむように手を動かすことで、少しずつ砂をこぼしていきましょう。

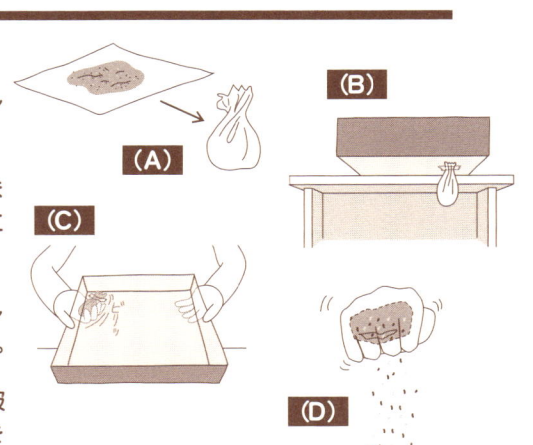

3 クリスマスイブの新聞

中級編

新聞紙からたんざくがたれ下がるため、最終的にタネがばれてしまうマジックです。しかし、見た目がはなやかで、タネを変化させることで各種行事に対応できるのが魅力です。

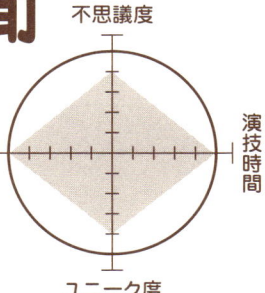

| 演技データ | 観客人数 多人数用 | タネを仕込む時間 15分 | 教えやすい |

第3章 クリスマスイブの新聞

❶
「今日はクリスマスですね。先生が持ってきた新聞もクリスマスの日付です」

新聞紙を大きく広げて見せます。

❷
「クリスマスだから新聞もとくべつです。見た目は普通の新聞紙ですけど…」

手を交差させ、裏返して見せます。

62

<必要な道具>

- 新聞紙
- のり
- セロハンテープ
- 紙
- ハサミ
- 五円玉

おすすめの行事

参観日　お泊まり保育　屋外活動　季節の行事　誕生会　お別れ会

盛り上げるポイント

- 完全に1枚に見せるため、まったく同じ新聞紙を用意するようにすると、よりリアリティが増します。
- ポケットのサイズはかなり自由が利きます。大きいタネや、紙吹雪のようなタネも仕込むことができます。
- 新聞紙に限らず、チラシなどでもできるマジックです。

第3章　クリスマスイブの新聞

❸「こうやって折り畳んで…」

持ちやすいよう、4つに折ります。

❹「ワン、ツー、スリー！メリークリスマス！」

新聞紙の下の方を持ち、かけ声と同時に振ります。すると中から文字が書かれたたんざくが出てきます。

これがトリック

❶ 新聞紙を2枚用意します。どちらも同じ日付の同じページであれば万全ですが、子どもたちに見せるだけなら、そこまで注意する必要はありません。

❷ 新聞紙の1枚を20センチ四方程度の大きさに切り取り、もう1枚に貼りつけてポケットにします。テレビ欄などのページを切り取って同じ場所に貼りつければ目立ちにくくなります。

❸ 紙を使ってたんざくを作り、一番下におもりとなる5円玉を貼りつけます（A）。たんざくには「メリークリスマス」など、マジックに合った文字を書いておりたたみます。これをポケットの中に貼りつけてタネは完成です（B）。

❹ 透けないよう、常に自分の体の前で演技を行います。腕を交差させる時は、タネの前に腕が来るようにします（C）。

❺ タネは新聞紙を強く振って出します。

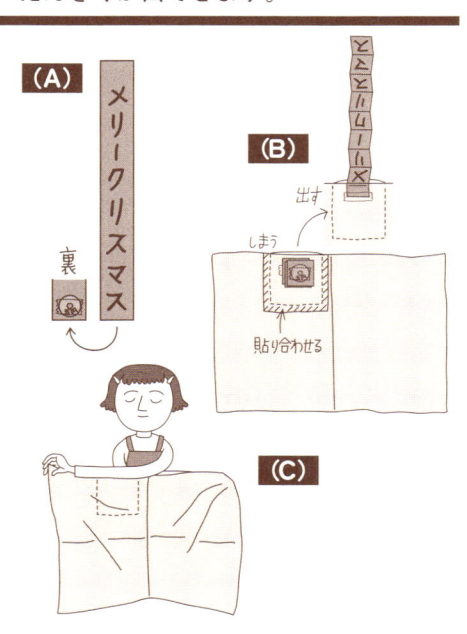

63

中級編 3 はじめてのおつかい

紙筒の中にバラバラに入れたはずの人形が、なぜか正しい場所へ移動している…というマジックです。子どもが喜びそうなストーリー性があるので、集中して見てくれるでしょう。

| 演技データ | 観客人数 多人数用 | タネを仕込む時間 30分 | 教えやすい |

第3章　はじめてのおつかい

❶
「ここにウマさん、ブタさん、タヌキさんがいます」

3つの人形を机の上に並べます。

❷
「3人は一緒に初めてのおつかいに出かけ、それぞれの家に帰ります」

紙の筒を人形の後ろに並べます。ウマの後ろにタヌキの家、ブタの後ろにウマの家、タヌキの後ろにブタの家、と1つずつずらして置きましょう。

<必要な道具>

3つ。
直径10cm×高さ15cmぐらい
・動物の人形
・紙の筒

おすすめの行事

参観日　お泊まり保育　屋外活動　季節の行事　誕生会　お別れ会

盛り上げるポイント

- 子どもたちが感情移入をしやすいよう、人形劇でも行っているつもりで、セリフ回しはていねいに行いましょう。
- 人形はあまり大きすぎない物を使いましょう。手の中に隠すことがむずかしくなります。
- 3色の紙玉と紙筒に変更すれば「運動会の玉入れ」になります。この方が、準備にかかる手間はぐっと短くなります。

❸ 「あれあれ？　3人は道に迷って、別々の家に帰ってしまいました」

人形をひとつずつ筒の中に入れていきます。

第3章　はじめてのおつかい

❹
「でも、お父さんお母さんがお迎えに来て、自分たちの家にちゃんと帰ることができました。」

筒をひとつずつ取っていくと、人形がきちんと正しい位置に移動しています。

第3章 はじめてのおつかい

これがトリック

① ウマの人形をタヌキの家に入れた時、中に置かずに図のように持ち直します（A）。

② そのままウマの人形を隠し持ち、ブタの人形を持ちます（B）。

③ ウマの家に手を入れてウマの人形を置きます。この状態でブタの人形を持ち直し、手の中に隠します（C）。

④ ブタの人形もウマと同じように、隠したままブタの家の中に置きます。

⑤ タヌキの人形は、筒を開ける直前にさりげなくタヌキの家の中に落とします（D）。

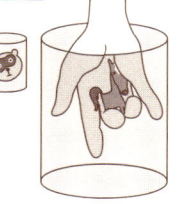

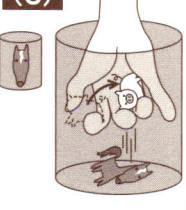

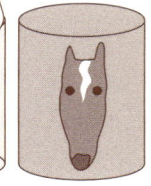

第4章

時間をかければだれでもできる本格派
上級編マジック

「上級編」では、かなり本格的なマジックが多くなります。
ですが要求されるテクニック自体は、今までとさほど変わらないレベルです。じっくりと流れを飲み込んでください。ここまでのマジックをものにできた人なら、かんたんに覚えることができるはずです。

4 絵本から出てきたうさぎとかめと白雪姫

上級編

2冊の絵本を立てると中から人形が出てくる、メルヘンチックなマジックです。ここでは『白雪姫』と『うさぎとかめ』の絵本を使っていますが、実際にはどんな絵本でもOKです。

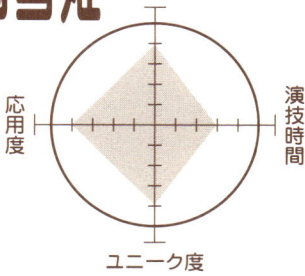

| 演技データ | 観客人数 | 少人数用 | タネを仕込む時間 | 15分 | 教えやすい |

第4章 絵本から出てきたうさぎとかめと白雪姫

❶
「ここに2冊の絵本があります。1冊は『白雪姫』ですね」

2冊の絵本を持って登場します。まず、右手に持った『白雪姫』を表・裏と見せます。

❷
「そしてもう1冊は『うさぎとかめ』です。裏表何もありませんね?」

今度は左手に持った『うさぎとかめ』を同じように見せます。

＜必要な道具＞

- 絵本 2 冊
- 厚紙
- ハサミ
- 人形など

おすすめの行事

参観日 ／ お泊まり保育 ／ 屋外活動 ／ 季節の行事 ／ 誕生会 ／ お別れ会

盛り上げるポイント

- 絵本のストーリーに沿った品物を出すのがもっとも効果的です。演技前に絵本を読んであげるのもいいでしょう。
- 人形など出した品物を使ってかんたんな劇を行い、さらにストーリーをふくらませても楽しいでしょう。
- ストーリーに沿った品物が用意できない場合は、花など比較的大きな物を出して派手な演出を心がけましょう。

---

❸「じゃあ、この2冊を開いて、このように置きます」

2冊を開き、表紙同士を重ねて立てます。上から見ると三角形になるように。

❹「すると中から、白雪姫とうさぎとかめが出てきました！」

本の上から人形を次々と取り出し、机の上に並べていきます。

これがトリック

1. 厚紙を切り貼りし、三角形のボックスを作ります。本よりはひとまわり小さくし、持ちやすいよう、側面のうちの1ヶ所は他よりやや長めにします（A）。できたら、中に人形などを入れておきましょう。

2. 登場した時には本を2冊重ね、その裏にボックスも持っています（B）。まず、右手で一番前にある『白雪姫』を裏、表と見せます（C）。

3. 再び本を重ねます。今度は左手で『うさぎとかめ』を抜き、裏、表と見せます（D）。

4. ボックスが見えないように注意しながら、本を1冊ずつ開いて立てます。三角形になるように立て、中にボックスを入れます（E）。

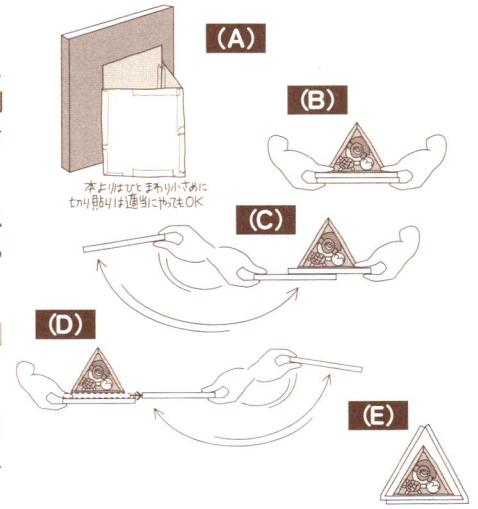

本よりはひとまわり小さめに 切り貼りは適当にやってもOK

第4章 絵本から出てきたうさぎとかめと白雪姫

④ おそうじ名人！
上級編

机の上に置いた4つの紙玉が、消えては現れ、消えては現れ…と、瞬く間に1ヵ所に集まってしまうマジックです。子どもたちの掃除への関心を高めるような演出を工夫してみたいものです。

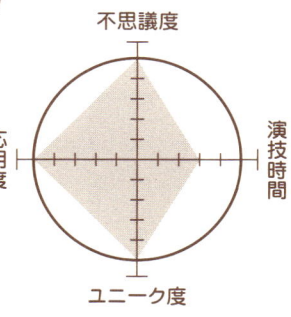

| 演技データ | 観客人数 少人数用 | タネを仕込む時間 5分 | 教えやすい |

不思議度／応用度／演技時間／ユニーク度

❶
「先生はおそうじの名人ですが、たまには超能力を使っておそうじすることもあります。それをちょっとお見せしましょう」

ティッシュで紙玉を4つ作り、机の上に置いていきます。終わったら、ティッシュの袋はポケットにしまいます。

❷
「じゃあ、よく見ててくださいね。…えいっ！」

右手で右上の紙玉を、左手で左下の紙玉をおおい隠し、かけ声をかけます。

❸
手を離すと、左下の紙玉が消え、右上の紙玉が2つになっています。

第4章 おそうじ名人！

<必要な道具>
・ポケットティッシュ

おすすめの行事
参観日　お泊まり保育　屋外活動　季節の行事　誕生会　お別れ会

盛り上げるポイント
・テンポよく、素早い動きで紙玉を集めましょう。「よっ、よっ、ほっ！」などタイミングよくかけ声も入れていきましょう。
・紙玉を集める順番や、紙玉の総数に決まりはありません。大量の紙玉を一気に片づけることも可能です。
・硬めの紙にスイカなどの装飾を施して、「フルーツ狩り」にしてみても面白いでしょう。また、小型の柑橘類（キンカンなど）ならそのまま使えます。

❹「よっ」
同じ調子で手を動かします。左手で右上を隠し、右手で右下を隠すと、右下の紙玉が右上に現れます。

❺
「はいっ！　あっという間に片づきました。すごいでしょう？」
最後に右手で右上を隠し、左手で左上を隠します。すべての紙玉は右上に集まってしまいます。

これがトリック
① 紙玉をあらかじめ1つ作っておき、ポケットの中に隠しておきます。ティッシュの袋をしまった時に、この玉を右手で隠し持ちます（A）。

② 右手で右上の紙玉を隠しながら、持っていた玉を置きます。同時に、左下の紙玉を左手で隠し持ちます（B）。

③ 同じ要領で紙玉を集めていきます。最後に隠し持った紙玉はそのまま握り隠してください。

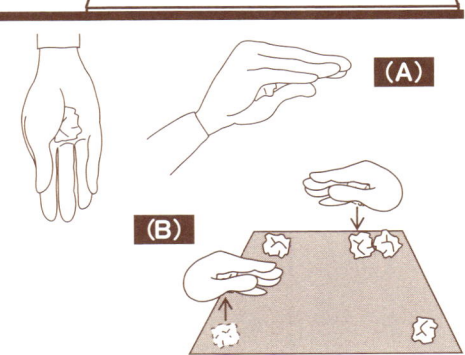

第4章　おそうじ名人！

④ 魔法の包み紙

上級編

包み紙にくるんだコップが消えてしまうマジックです。コップがいきなり消失するインパクトはかなりのもので、大人でもそうとう驚くでしょう。多くの機会に使えるマジックだといえます。

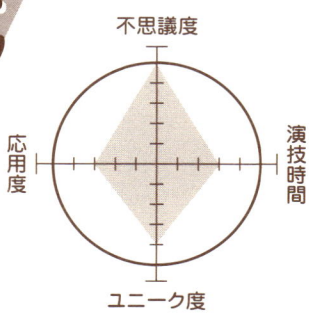

| 演技データ | 観客人数 多人数用 | タネを仕込む時間 0分 | 教えやすい |

不思議度／応用度／演技時間／ユニーク度

❶「このコップさんがね、寒いから紙でくるんで欲しいんですって」

コップを下向きに置き、包み紙をかぶせます。コップの形が紙にしっかりと出るよう、きつくくるんでおきましょう。

❷「はい、コップさんもこれなら安心ですね」

包み紙を持ち上げ、コップを子どもたちに見せます。その後、再び机の上にコップと包み紙を戻します。

❸「コップさんコップさん、暖かいですかー？ あったかいよー！」

問いかけに対して、返事をします。返事に合わせて、コップが机を叩くコツコツという音を出しましょう。これを何度か繰り返します。

<必要な道具>

- コップ（長めのもの）
- 包み紙（新聞紙などあるていど硬さのあるもの）

おすすめの行事

参観日 / お泊まり保育 / 屋外活動 / 季節の行事 / 誕生会 / お別れ会

盛り上げるポイント

- 最初から「コップが消える」ということは言わないほうが良いでしょう。
- クリスマスや誕生会の前など、ラッピングを教える機会に見せてあげるのもいいでしょう。
- そうした場合、子どもたちにも同じことをしてもらい、保育者のコップだけが消えるというのも不思議さがよく伝わる方法です。

第4章 魔法の包み紙

❹

「…あれ、返事がありません。寝ちゃったのかな。…叩いて起こしてみましょう。せーの、1、2の3！」

❸を何度か繰り返した後、一気にコップを真上から叩くと、包み紙はぺしゃんこにつぶれてしまいます。

❺

「なんとコップさんはどこかに行ってしまいました。不思議ですね〜」

包み紙を広げ、子どもたちによく見せます。どこにコップが消えたのか、意見を出させてみるのも面白いでしょう。

これがトリック

1. いったん見せたあと、コップは包み紙で隠しながら抜き取ってしまいます。抜いたコップはイラストの位置まで移動させておきます（A）。
2. 移動させたコップで机を叩きます。もともとコップのあった場所は空洞になっているので、手を添えておきます（B）。
3. 叩いたあと、コップは包み紙の影に隠して素早くポケットにしまうか、床に置いたクッションの上などに落としてしまいます（C）。

4 上級編 みんなで仲良く手をつなごう

バラバラだったはずの人形が、一瞬のうちにすべて手をつないでしまいます。人形を作る行程は立派な「紙遊び」です。この部分だけ子どもたちと一緒に行っても楽しいでしょう。

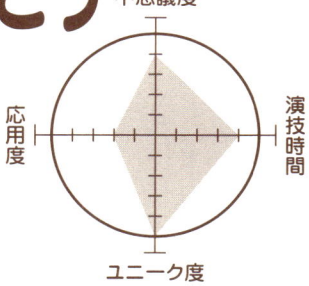

| 演技データ | 観客人数 | 多人数用 | タネを仕込む時間 | 30分 | 教えやすい |

❶
「ここに大きな封筒があります。中には紙の人形がいっぱい入っています」

封筒の中から紙でできた人形を1つずつ取り出してみせます。

❷
「さあ、全部の人形を出しました。封筒の中身は、ホラ、からっぽですね」

人形をすべて取り出したあと、封筒の口を広げて中身をよく見せます。

❸
「では、この人形をまたすべて中に入れ、呪文を唱えます。△％＃◎■＊！φ…」

仕掛けのないことをよく見せながら、人形を1つずつ袋に戻します。戻したあとは怪しげな呪文を唱えます。

<必要な道具>
- 封筒2つ
- 紙
- ハサミ

同じ大きなサイズ
新聞紙や模造紙

おすすめの行事
参観日　お泊まり保育　屋外活動　季節の行事　誕生会　お別れ会

盛り上げるポイント
- 袋の口は狭くて見えづらいため、大きく袋を広げ、「タネがない」ことをハッキリと見せるよう注意しましょう。
- 新聞紙と事務封筒で演技すればかんたんにできますが、人形作りに使う紙は、見た目の鮮やかさを演出するため、色つきの模造紙を使うとよいでしょう。
- 入園直後の子どもたち、ケンカをした子どもたちなどに、仲良くすることを教えるマジックとしても便利です。

❹「もう一度人形を取り出すと…なんと、人形がみんな手をつないでしまいました！」

袋の中から、手をつないだ状態の人形をズラズラと引っ張り出します。完全に取り出したあとは、両手に持って大きく広げて見せましょう。

第4章　みんなで仲良く手をつなごう

これがトリック

1. まず人形を作りましょう。模造紙や新聞紙などを20センチ×80センチ程度（新聞紙なら全体の1/3ぐらいの縦幅）に切り、図のように折ります（A）。これを2つ用意します。

2. それぞれ人の形を図のように描き、切り取ります（B）。1つは完全に切り離してしまいますが、もう1つは手の部分だけを残し、すべてつながるようにします。

3. 次に封筒に仕切りを作ります。2枚の封筒のうち1枚の両側と下を図のように切り、もう1枚の封筒に入れます（C）。この仕切りがタネになります。

4. あらかじめバラバラの人形は仕切りの内側に入れ、つながった人形は外側に隠して入れます。この時、つながっている人形は取り出しやすいようにきれいに入れておきます（D）。

5. 封筒の中を見せる時は、仕切りを広げた封筒の口に沿って曲げ、つながっている人形を見せないようにします（E）。

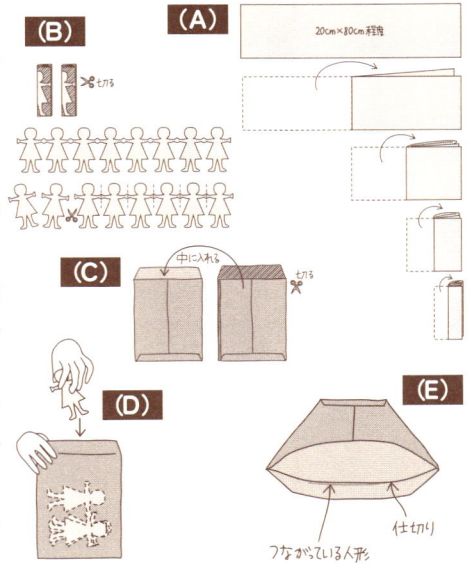

75

4 上級編 ハンカチの中にはお金がいっぱい？

手に持ったハンカチの中から、コインがいくらでも出てくるというマジックです。様々な作業を一度にこなす必要があり、難易度は高めですが、そのぶん本格的なマジックといえます。

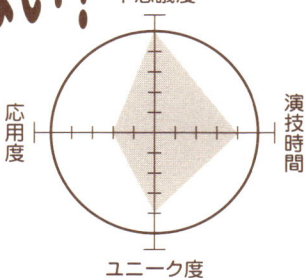

| 演技データ | 観客人数 多人数用 | タネを仕込む時間 0分 | 教えやすい |

第4章 ハンカチの中にはお金がいっぱい？

❶
「ここにあるお金、先生は魔法を使って
いくらでも増やせるんですよ」

右手にコインを持ち、子どもたちによく見せます。

❷
「まず、この魔法のハンカチ
をかけて…」

左手でポケットからハンカチを取り出し、右手のコインにかけます。

❸
「ひっくり返しても、まだお金は
そのままです」

右手にかぶせたハンカチを、コインごと裏返して左手にかぶせます。ハンカチの上に移動したコインは、右手でポケットにしまいます。

76

＜必要な道具＞

- コイン2枚
  同じ額のもの
- ハンカチ

おすすめの行事

参観日　お泊まり保育　屋外活動　**季節の行事**　誕生会　お別れ会

盛り上げるポイント

- だんだんスピードアップさせていくことが重要です。左右の手で同時に異なる動きをするので、十分練習を積む必要があります。
- 「いくらでもお年玉が出てくる魔法のハンカチ」など設定をいろいろと変え、季節感のある演出をしてみましょう。
- 最後は「止まらない！　誰か止めて〜！」と悲鳴を上げるというオチを演出するのもいいでしょう。

第4章　ハンカチの中にはお金がいっぱい？

４ 「じゃあ、このハンカチをまたひっくり返すと…何とまたお金が出てきました！」

ハンカチを今度は左手から右手へ裏返してかぶせると、ハンカチの上にまたコインがあります。さらにこのコインを左手でポケットにしまい、ハンカチを左手にかぶせると三たびコインが出現。さらに右手でコインをしまい…と、以降永久に同じパターンが繰り返せます。

これがトリック

1. ポケットにはハンカチの他に、コインをもう1枚入れておきましょう。ハンカチを取り出すと同時にこのコインも左手で隠し持つようにします（A）。

2. 左手でコインを隠し持ったまま、右手のハンカチとコインをつかみ、ひっくり返します（B）。

3. 見えているコインを右手でしまうように見せ、ポケットの中で持ち方を変えます（C）。こうやって隠し持ち、同時に左手ではコインをつかみやすいように持ち直します（D）。

4. コインを隠し持った右手でハンカチをひっくり返します。同時に左手のコインもつかみ、子どもたちに見せます（E）。あとは同じ手順を繰り返すだけです。

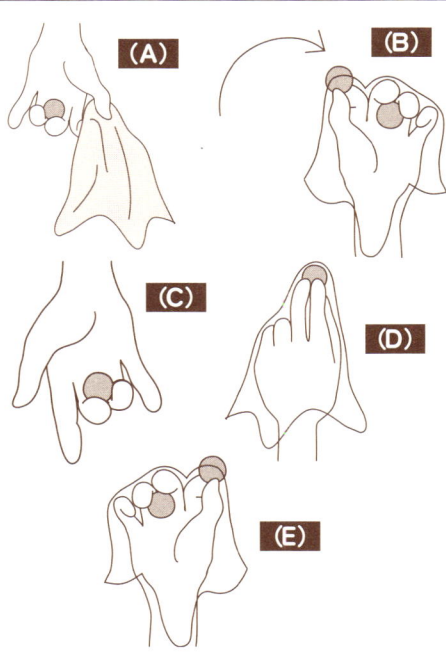

④ 楽しいピクニック
上級編

ロープに結びつけた道具が、一瞬のうちにすべて外れてしまうマジックです。やや準備が大がかりですが、トリック自体は非常にシンプルなので練習もそれほどいりません。

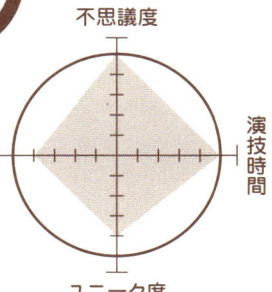

| 演技データ | 観客人数 | 多人数用 | タネを仕込む時間 | 0分 | 教えやすい |

第4章 楽しいピクニック

❶
「今日はピクニックなので、こんなものを用意しました」

大きなリュックサックの中から、マジックに使用する道具を取り出して並べます。

❷
「これらを使ってマジックをしてみましょう。まず、カサをしばります」

2本のロープでカサをしばります。

＜必要な道具＞

- ロープ（2本。2〜3mぐらいの長さ）
- リュックサック（大小ひとつずつ）
- 水筒
- カサ

おすすめの行事

参観日　お泊まり保育　屋外活動　季節の行事　誕生会　お別れ会

盛り上げるポイント

- リュックサックの中から道具を取り出す時は、1つ1つ「これはなあに？」と聞いていくといいでしょう。
- ロープをしばる時は力強く、ギュッギュッとしばってください。それによってマジックが失敗することはありません。
- 使用する道具は、ロープの代わりになわとび、リュックの代わりにスモッグ…など、いろいろと変えてみてください。

---

❸ 「次にリュックサック2つと水筒をロープに通します」

ロープに大きなリュックサックの肩ひもを2本とも通します。さらに、ロープの片方に水筒を、もう片方に小さなリュックサックを通します。

❹ 「○○ちゃん、□□ちゃん、ロープの両端を持って、好きな方を1本ずつ先生にちょうだい」

両端のロープのうち1本ずつを子どもに持たせ、もう1本ずつを手渡ししてもらいます。受け取ったロープ同士はしばってしまいましょう。

第4章　楽しいピクニック

❺「ロープをしっかりとしばりました。これで全部つながって、とれませんね」

カサをつかんで揺さぶり、すべてが厳重にしばりつけられていることを確認しましょう。子どもがロープから手を離さないように注意してください。

❻「ところがカサをここから抜いてしまうと…」

カサを引き抜いてしまうと、すべての荷物が落ちてしまいます。

第4章 楽しいピクニック

これがトリック

① カサの縛り方が一番のポイントです。普通にカサを縛るのではなく、ロープ同士を結びつけます（A）。

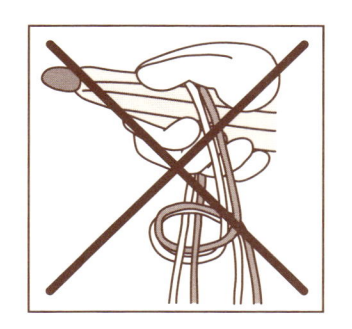

(A)

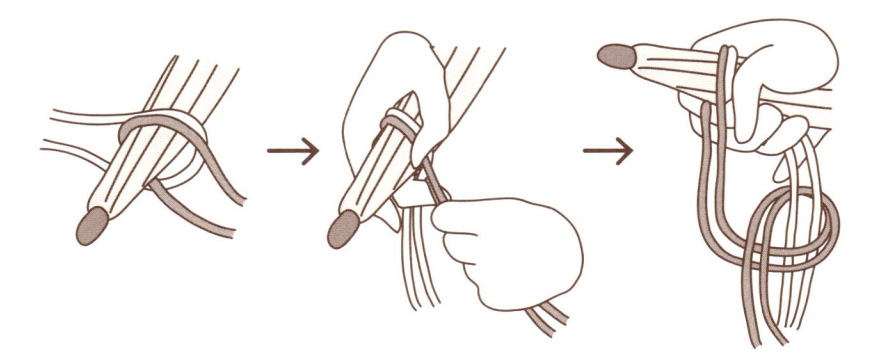

② 演技の流れ通りに道具を通し、左右のロープを結んでしまいます（B）。

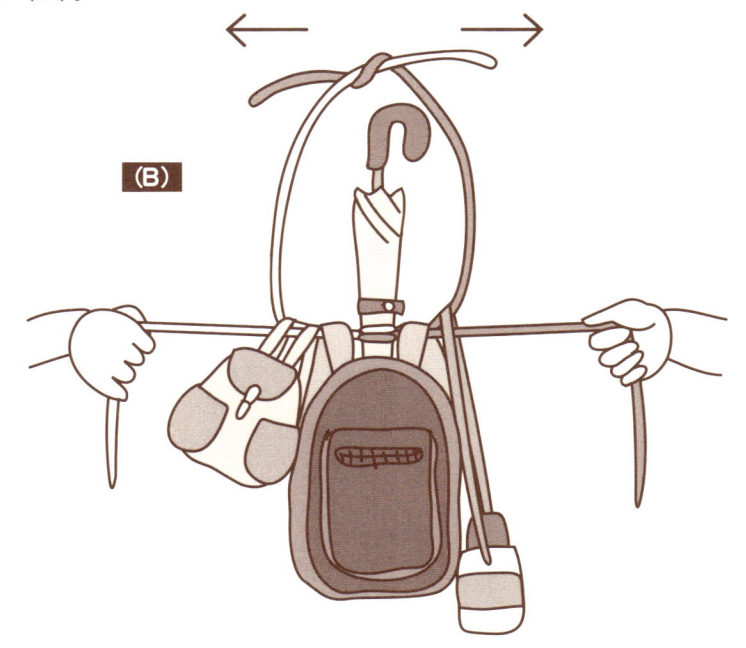

(B)

③ あとはカサを引き抜くだけです。スムーズに道具が落ちない時は、道具を軽く手で引っ張ってください。

第4章　楽しいピクニック

4 おたんじょうびおめでとう！

上級編

切り離したはずの紙が一気につながってしまうマジックです。紙にはバラバラの文字が書いてありますが、つながることで「おたんじょうびおめでとう」という文が完成します。

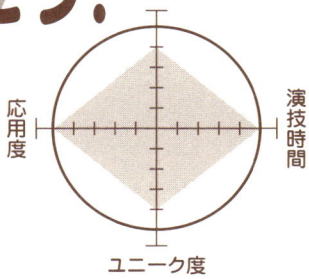

| 演技データ | 観客人数 | 多人数用 | タネを仕込む時間 | 15分 | 教えやすい |

不思議度／演技時間／ユニーク度／応用度

❶

「今日は○○ちゃんのお誕生日なので『おたんじょうびおめでとう』と書いてきたんですけど、あわてて書いたので文字の順番がバラバラになってしまいました」

つながった状態の紙を広げて見せます。

<必要な道具>

- 紙(A4サイズ) 3枚
- ハサミ
- ペン

おすすめの行事

参観日　お泊まり保育　屋外活動　季節の行事　誕生会　お別れ会

盛り上げるポイント

- 12文字以下なら、どんな言葉を書いてもかまいません。字数が足りず、下の方に来る紙が白紙になっても特に問題はありません。
- 紙のサイズはB5でも構いません。A4では大きすぎると感じる保育者の方はB5にしてみてください。
- 字の読めない年少組の子どもたちには、動物や果物などの絵を描いて見せてあげてもいいでしょう。

第4章　おたんじょうびおめでとう！

❷「これはなんとかしないといけませんね。まず紙を切り離してしまいます」

紙を手でちぎり、12枚に分けます。分けた紙は束ねて持ちます。

❸
「こちらの紙の上に乗せてから呪文を唱えると…」

いったん別の紙の上に乗せた紙の束を、呪文を唱えながら手の上にすべり落とします。

❹
「ワン、ツー、スリー！ はい、お誕生日おめでとう！」

紙を広げると切れた箇所は再びつながり、文字もきちんと読めるようになっています。

第4章 おたんじょうびおめでとう！

これがトリック

① A4サイズの紙を2枚、同じ形に切ります。ほぼ12等分に切りますが、ハサミを完全に入れずに、少しだけ切り残すようにします（A）。

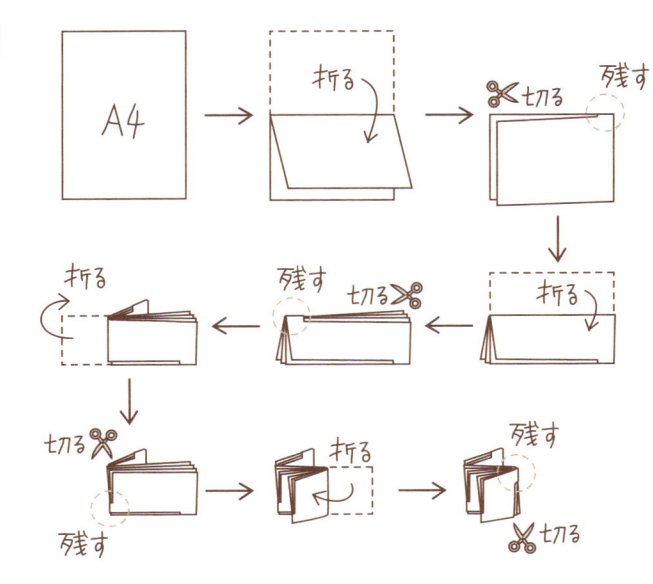

② 切った紙を折りたたみます。折った紙のひとつには「おたんじょうびおめでとう」という文章を両面に書き、「お」の部分の上端を持ちやすいように折っておきます（B）。もう一枚の両面には文章をバラバラに書いておきます（C）。

③ 別の紙を二つ折りにして、その中に逆さ向きにした（B）を挟んでおきます。タネはこれで完成です。

④ 切り離した（C）を、タネの上に乗せてから手の上にすべり落とす時、（B）も同時に手の上に落としてしまいます（D）。

⑤ 手の中に落とした（B）と（C）を上下ひっくり返し、（B）の「お」の文字が上に来るようにします（E）。

⑥ （B）を広げながら、（C）はさりげなく体の後ろなどに隠してしまいます。

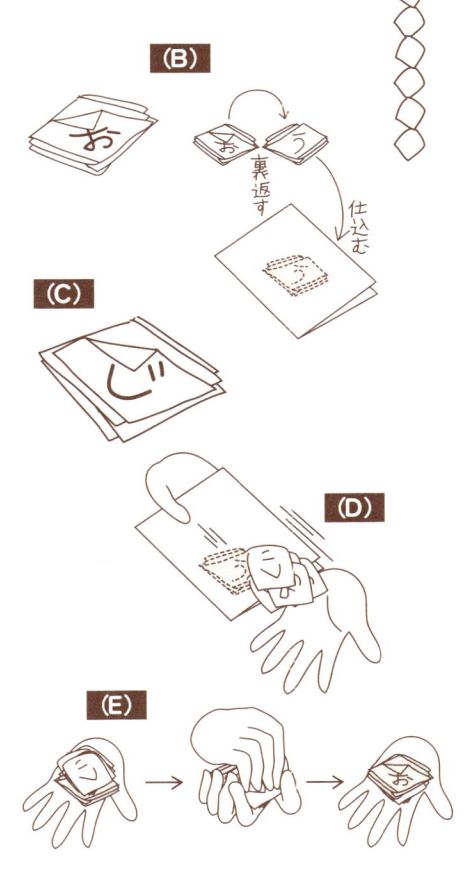

第4章 おたんじょうびおめでとう！

④ ゾウさんおはなが長いのね
上級編

いわゆる「透視」のマジックなのですが、ゾウが正解を探してくれるというのが子ども向けです。ゾウの人形はユニークなので、ぜひ子どもたちに教えてあげたいところです。

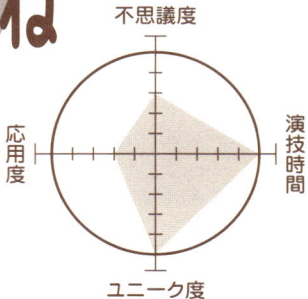

| 演技データ | 観客人数 多人数用 | タネを仕込む時間 15分 | 教えやすい |

❶「今日は先生のお友達を紹介します。なんだかわかるかな？」

あらかじめ、箱の絵を描いたカードを3枚並べます。そしてゾウが描かれた紙を裏返し、中指をしっぽにして見せます。

❷
「ゾウさん！」
「そうです、よくわかりましたね。今日はこのゾウさんにマジックをしてもらいます」

紙を表向きにして、中指も反対側から出します。指はゾウの鼻になります。

<必要な道具>
- 絵を描いた紙
- ペン
- はさみ
- 針
- 両面テープ

おすすめの行事

参観日　お泊まり保育　屋外活動　季節の行事　誕生会　お別れ会

盛り上げるポイント

- 後ろを向くとき、最初はゾウだけを後ろ向きにしても面白いでしょう。当然、子どもたちは納得しませんから、そこで渋々といった感じで保育者も後ろを向くのです。それでも正解すれば、子どもたちの驚きもひとしおです。
- 箱の絵はなるべく3つとも同じようなものにしましょう。コピーをとれば万全です。

❸「この箱のうち、1つにはバナナが入っています。ゾウさんの鼻でそれを当てて見せましょう」

並べておいた箱の絵のカード3枚を、いったんすべて裏向きにします。そのうち1枚にはバナナの絵が描いてあります。

❹「○○ちゃん、先生とゾウさんは後ろを向いているので、カードを適当に並べ替えてね」

カードを表向きに戻し、後ろを向きます。指をしっぽにして、ゾウの向きも逆にしましょう。子どもの代表にカードを並べ替えてもらいます。

第4章　ゾウさんおはなが長いのね

「じゃあ、じまんの鼻でバナナを探してみましょう」

中指を鼻に戻して、一枚一枚カードの匂いをかがせていきます。

❺

「ぱおーん。見事にバナナを見つけることができました」

正解のカードを指にくっつけ、めくってみせましょう。

❻

第4章　ゾウさんおはなが長いのね

これがトリック

① ゾウのカードは図のように作ります。穴を先に開けてから絵を描くようにすれば、簡単です（A）。中指を通し、指の先端には両面テープを貼っておきます（B）。

(A)

(B)

↑
両面テープ

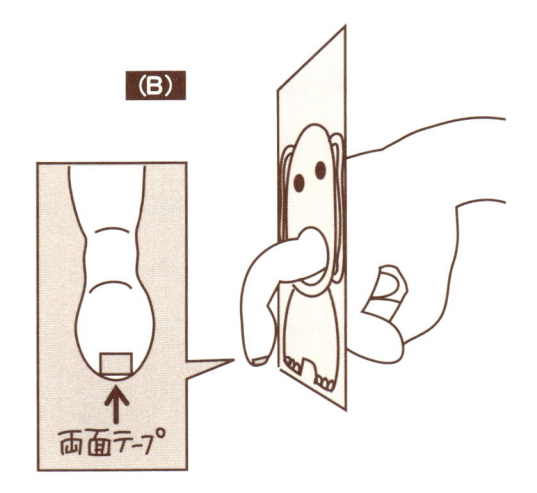

② 箱のカードのうち、正解のカードには、線の下から針で小さな穴を開けておきます（C）。注意しなければ見えず、さわればわかるぐらいの大きさの穴です。

(C)

③ 中指の鼻に匂いをかがせながら、薬指で針の穴を探します（D）。探している様子はゾウのカードで隠すようにします。

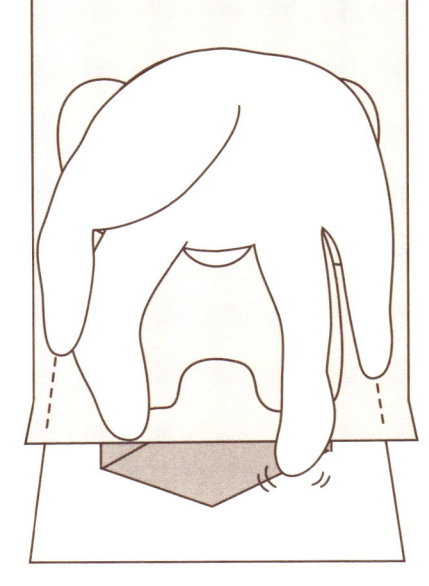

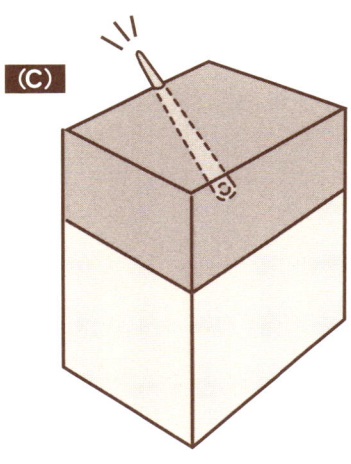

(D)

④ 正解のカードが見つかったら、両面テープで貼り付け、持ち上げます。

第4章　ゾウさんおはなが長いのね

89

4 双子のプレゼント

上級編

かけ声1つで、小さな包みが紙袋から紙袋へと移動したように見えるマジックです。包みを上手に隠すのにコツがいりますが、それより状況をきちんと子どもたちに説明してあげることが重要です。

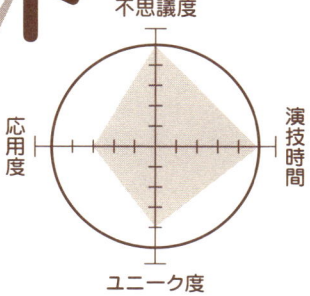

| 演技データ | 観客人数 多人数用 | タネを仕込む時間 5分 | 教えやすい |

不思議度／応用度／演技時間／ユニーク度

❶

「ここに双子のプレゼントがあります。双子だからとっても仲よし。どんなに離れていてもくっついてしまいます」

机の上に赤い紙包みを2つ並べます。

❷

「2つの袋の中には何も入っていませんよね。…じゃあ、この袋の中に、1つずつプレゼントを入れて、離ればなれにするとどうなるかな？」

子どもたちに袋の中を確かめてもらったあと、片手で袋の中にそれぞれ紙包みを入れていきます。

＜必要な道具＞

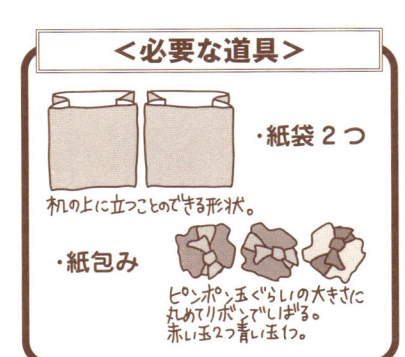

- 紙袋2つ
  机の上に立つことのできる形状。
- 紙包み
  ピンポン玉ぐらいの大きさに丸めてリボンでしばる。赤い玉2つ青い玉1つ。

おすすめの行事

参観日　お泊まり保育　屋外活動　季節の行事　誕生会　お別れ会

盛り上げるポイント

- 紙包みを上手に手の中に隠せるよう、鏡を見ながら練習を行いましょう。また、手の大きさに合わせて紙包みのサイズを調整すると便利です。
- 青い紙包みにメッセージを書いておき、マジック終了後に読むようにすれば、お誕生会などに一役買います。紙にお菓子を包んでおいてもかまいません。
- 袋に紙包みを入れた後は「どうなると思う？」と子どもたちに問いかけ、いろいろな予想を立てさせてみましょう。

第4章　双子のプレゼント

❸

「えいっ！　それじゃあ、袋の中を見てみましょう。…あれあれ！？　やっぱり一緒になっているよ」

袋をさかさまにすると、片方の袋から紙包みが2つとも転がって出てきます。

❹

「今度は1つの袋にプレゼントを1つだけ入れてみましょう」

袋と紙包みを1つずつしまいます。

❺

「あらあら、1人になるのが そんなにイヤだったのかしら。
なんと色が変わってしまいました」

残った袋に紙包みを入れてからひっくり返すと、赤かった紙包みが青色に変わってしまいました。

これがトリック

❶ 袋に1つめの紙包みを入れる時、実際には入れるフリだけをします。中指、薬指、小指で軽く触れるように紙包みを持ち、手のひらを自分に向けるのがコツです（A）。このまま2つめの紙包みを持ち、どちらも同じ袋に入れてしまいます（B）。

❷ 紙包みの1つは、左手でポケットの中に片づけるようにします。ポケットの中にはあらかじめ青い紙包みを入れておき、子どもたちに見えないように2つの紙包みを交換します（C）。持ち方は（A）と同じです。

❸ 紙包みの色を変えるマジックでは、赤い紙包みを袋に入れるふりをします。これは（A）の持ち方で最後までかくしましょう。同時に、左手で残った袋のふちを押さえるようにして、手に持った青い紙包みを袋の中に落とします（D）。

みんなあつまれ！手品の本

目的別インデックス

※マジックはページ順に並べてあります。
※①〜④は章、及び難易度の表示です。数字が大きいほど難しくなります。

観客人数
（少人数用はおよそ10人以上のお客だと見えにくい場合があります）

■多人数用
- くっつく食器① ……………………… 12
- 紙コップの透視① …………………… 18
- ぐにゃぐにゃボディ① ……………… 24
- 宙に浮く色鉛筆② …………………… 30
- 歌をうたうのはだーれ？② ………… 32
- 枯れ木に花を咲かせましょう② …… 36
- いち、にの、さん！　で消えるボール② ……… 40
- お茶碗からお年玉② ………………… 44
- 仲良しワンニャン③ ………………… 48
- 切れないひも③ ……………………… 52
- どんな言葉ができるかな？③ ……… 54
- 冷たい飲み物をどうぞ！③ ………… 56
- 飛び出すレモンの絵③ ……………… 58
- クリスマスイブの新聞③ …………… 62
- はじめてのおつかい③ ……………… 64
- 魔法の包み紙④ ……………………… 72
- みんなで仲良く手をつなごう④ …… 74
- ハンカチの中にはお金がいっぱい④ …… 76
- 楽しいピクニック④ ………………… 78
- おたんじょうびおめでとう！④ …… 82
- ゾウさんおはなが長いのね④ ……… 86
- 双子のプレゼント④ ………………… 90

■少人数用
- さわっただけで色が見える…？① ……… 8
- 踊るハンカチ① ……………………… 10
- お父さんは背が高い？① …………… 14
- ぼくのうちは5人家族① ……………… 16
- 屋根より高い鯉のぼり① …………… 20
- エンピツが曲がっちゃった！？① …… 22
- 絵からお花が咲いた！② …………… 28
- おりひめとひこぼし② ……………… 34
- 不思議なクリスマスカード② ……… 38
- わりばし友情パワー② ……………… 42
- 紙コップからこんにちは③ ………… 50
- あふれ出す砂③ ……………………… 60
- 絵本から出てきたうさぎとかめと白雪姫③ …… 68
- おそうじ名人!④ ……………………… 70

タネを仕込む時間
（必要な道具を揃えてから準備が完了するまでのおおよその時間です）

■0分
- さわっただけで色が見える…？① ……… 8
- 踊るハンカチ① ……………………… 10
- お父さんは背が高い？① …………… 14
- ぼくのうちは5人家族① ……………… 16
- ぐにゃぐにゃボディ① ……………… 24
- いち、にの、さん！　で消えるボール② ……… 40

お茶碗からお年玉② ……………………… 44
飛び出すレモンの絵③ ……………………… 58
魔法の包み紙④ ……………………… 72
ハンカチの中にはお金がいっぱい④ ………… 76
楽しいピクニック④ ……………………… 78

■ 5分
くっつく食器① ……………………… 12
エンピツが曲がっちゃった!?① …………… 22
宙に浮く色鉛筆② ……………………… 30
歌をうたうのはだーれ?② ………………… 32
わりばし友情パワー② ……………………… 42
紙コップからこんにちは③ ………………… 50
切れないひも③ ……………………… 52
冷たい飲み物をどうぞ!③ ………………… 56
あふれ出す砂③ ……………………… 60
おそうじ名人!④ ……………………… 70
双子のプレゼント④ ……………………… 90

■ 15分
紙コップの透視① ……………………… 18
屋根より高い鯉のぼり① …………………… 20
絵からお花が咲いた!② ……………………… 28
不思議なクリスマスカード② ……………… 38
クリスマスイブの新聞③ …………………… 62
絵本から出てきたうさぎとかめと白雪姫④……68
おたんじょうびおめでとう!④ …………… 82
ゾウさんおはなが長いのね④ ……………… 86

■ 30分
おりひめとひこぼし② ……………………… 34
枯れ木に花を咲かせましょう② …………… 36
仲良しワンニャン③ ……………………… 48
どんな言葉ができるかな?③ ……………… 54
はじめてのおつかい③ ……………………… 64
みんなで仲良く手をつなごう④ …………… 74

教えやすい
(子どもにも比較的教えやすいマジックです)

くっつく食器① ……………………… 12
お父さんは背が高い?① …………………… 14
ぼくのうちは5人家族① …………………… 16
屋根より高い鯉のぼり① …………………… 20
エンピツが曲がっちゃった!?① …………… 22
ぐにゃぐにゃボディ① ……………………… 24
宙に浮く色鉛筆② ……………………… 30
おりひめとひこぼし② ……………………… 34
不思議なクリスマスカード② ……………… 38
わりばし友情パワー② ……………………… 42
切れないひも③ ……………………… 52
冷たい飲み物をどうぞ!③ ………………… 56
クリスマスイブの新聞③ …………………… 62
ゾウさんおはなが長いのね④ ……………… 86

おすすめの行事
(一般的な幼稚園行事で、応用すれば使いやすいマジックです)

■参観日
さわっただけで色が見える…?① …………… 8
お父さんは背が高い?① …………………… 14
ぼくのうちは5人家族① …………………… 16
紙コップの透視① ……………………… 18
宙に浮く色鉛筆② ……………………… 30
歌をうたうのはだーれ?② ………………… 32
おりひめとひこぼし② ……………………… 34
不思議なクリスマスカード② ……………… 38
仲良しワンニャン③ ……………………… 48
どんな言葉ができるかな?③ ……………… 54
クリスマスイブの新聞③ …………………… 62
絵本から出てきたうさぎとかめと白雪姫④……68
魔法の包み紙④ ……………………… 72
みんなで仲良く手をつなごう④ …………… 74
楽しいピクニック④ ……………………… 78
おたんじょうびおめでとう!④ …………… 82

ゾウさんおはなが長いのね④ ……………86

■お泊まり保育
踊るハンカチ① ……………………………10
くっつく食器① ……………………………12
ぐにゃぐにゃボディ① ……………………24
歌をうたうのはだーれ?② ………………32
おりひめとひこぼし② ……………………34
どんな言葉ができるかな?③ ……………54
クリスマスイブの新聞③ …………………62
絵本から出てきたうさぎとかめと白雪姫④……68
おそうじ名人!④ …………………………70
楽しいピクニック④ ………………………78
おたんじょうびおめでとう!④ …………82

■屋外活動(遠足など)
さわっただけで色が見える…?① …………8
くっつく食器① ……………………………12
ぐにゃぐにゃボディ① ……………………24
絵からお花が咲いた!② …………………28
いち、にの、さん!　で消えるボール② …40
冷たい飲み物をどうぞ!③ ………………56
あふれ出す砂③ ……………………………60
はじめてのおつかい③ ……………………64
楽しいピクニック④ ………………………78

■季節の行事(クリスマス、お花見など)
踊るハンカチ① ……………………………10
紙コップの透視① …………………………18
屋根より高い鯉のぼり① …………………20
絵からお花が咲いた!② …………………28
おりひめとひこぼし② ……………………34
枯れ木に花を咲かせましょう② …………36
不思議なクリスマスカード② ……………38
お茶碗からお年玉② ………………………44
紙コップからこんにちは③ ………………50
どんな言葉ができるかな?③ ……………54
冷たい飲み物をどうぞ!③ ………………56
飛び出すレモンの絵③ ……………………58
クリスマスイブの新聞③ …………………62

はじめてのおつかい③ ……………………64
おそうじ名人!④ …………………………70
魔法の包み紙④ ……………………………72
ハンカチの中にはお金がいっぱい④ ………76
おたんじょうびおめでとう!④ …………82
双子のプレゼント④ ………………………90

■誕生会
くっつく食器① ……………………………12
絵からお花が咲いた!② …………………28
歌をうたうのはだーれ?② ………………32
不思議なクリスマスカード② ……………38
紙コップからこんにちは③ ………………50
切れないひも③ ……………………………52
どんな言葉ができるかな?③ ……………54
冷たい飲み物をどうぞ!③ ………………56
飛び出すレモンの絵③ ……………………58
クリスマスイブの新聞③ …………………62
魔法の包み紙④ ……………………………72
おたんじょうびおめでとう!④ …………82
双子のプレゼント④ ………………………90

■お別れ会
くっつく食器① ……………………………12
絵からお花が咲いた!② …………………28
不思議なクリスマスカード② ……………38
わりばし友情パワー② ……………………42
紙コップからこんにちは③ ………………50
切れないひも③ ……………………………52
どんな言葉ができるかな?③ ……………54
飛び出すレモンの絵③ ……………………58
クリスマスイブの新聞③ …………………62
魔法の包み紙④ ……………………………72
みんなで仲良く手をつなごう④ …………74
おたんじょうびおめでとう!④ …………82
双子のプレゼント④ ………………………90

M・M・C（松戸奇術会）

1953年、千葉県松戸市にて設立。50年以上もの歴史を持つ老舗アマチュアマジック集団。マジック本来の「不思議さ」に「面白さ」「楽しさ」を付随させることをモットーとし、駄洒落や軽妙なトーク、果ては英語や中国語まで織り交ぜたマジックを得意とする。初心者向けのマジック教室や、大規模なステージマジックの発表会など、その活動は手広く、ジャグリングやパントマイム、日本舞踊を行う会員もいる。会員は20代から70代まで総勢約40名。代表作に『すぐできる！　絶対ウケる！　おもしろマジック』（成美堂出版）がある。

会員代表
岩田均　渡辺浩二　梅田光男　田中満男　門間裕史

M・M・C（松戸奇術会）ホームページ
http://mtdmagic.jimdo.com

◆スタッフ
本文イラスト／オガワキョウコ
カバーイラスト／本戸朋子
本文・カバーデザイン／スタジオ・エス・アンド・ディー
編集担当／山縣敦子
　　　　　ロム・インターナショナル（浅見英治、菅井邦夫）

鈴木出版ホームページ
http://www.suzuki-syuppan.co.jp/

● みんなあつまれ！　手品の本 ●

2003年6月9日　初版第1刷発行
2020年2月10日　初版第16刷発行

監　修　M・M・C（松戸奇術会）
発行人　西村保彦
発行所　鈴木出版株式会社
　　　　〒101-0051　東京都千代田区神田神保町3-5
　　　　　　　　　　住友不動産九段下ビル9F
　　　　　　　　　　TEL. 03-6774-8811（代）
　　　　　　　　　　FAX. 03-6774-8819
　　　　　　　　　　振替　00110-0-34090
印刷所　図書印刷株式会社

ISBN978-4-7902-7169-7　C2037
乱丁、落丁は送料小社負担でお取り替え致します。（定価はカバーに表示してあります）
©SUZUKI PUBLISHING Co.,Ltd. Printed in Japan 2003